导购中的成交技巧与拒绝处理

从零起步，教你成为一名职业导购员

陆 冰 ◎ 编著

民主与建设出版社
·北京·

© 民主与建设出版社，2018

图书在版编目（CIP）数据

导购中的成交技巧与拒绝处理 / 陆冰编著 . — 北京：民主与建设出版社 , 2018.9

ISBN 978-7-5139-2302-6

Ⅰ.①导… Ⅱ.①陆… Ⅲ.①销售－方法 Ⅳ.① F713.3

中国版本图书馆 CIP 数据核字 (2018) 第 212273 号

导购中的成交技巧与拒绝处理
DAOGOU ZHONG DE CHENGJIAO JIQIAO YU JUJUE CHULI

出 版 人	李声笑
编　　著	陆　冰
责任编辑	王　倩
装帧设计	润和佳艺
出版发行	民主与建设出版社有限责任公司
电　　话	（010）59417747　59419778
社　　址	北京市海淀区西三环中路 10 号望海楼 E 座 7 层
邮　　编	100142
印　　刷	大厂回族自治县彩虹印刷有限公司
版　　次	2018 年 12 月第 1 版
印　　次	2018 年 12 月第 1 次印刷
开　　本	710mm×1000mm　1/16
印　　张	14.5
字　　数	220 千字
书　　号	ISBN 978-7-5139-2302-6
定　　价	42.00 元

注：如有印、装质量问题，请与出版社联系。

前言 PREFACE

导购就是服务大众、成就自我

几乎所有人都扮演过顾客的角色，但真正干过导购工作的只有一部分。当然，以中国庞大的人口基数，任何"一部分"都是数以百万计的。在销售渠道中，通常导购员是跟顾客打交道最频繁的人。无论哪个厂家、哪个品牌，都离不开广大导购员的支持。在大多数情况下，顾客买不买还得看导购员的销售本领。

由此可见，导购是一个跟民生关系十分密切的工作。要想成为一名优秀的导购员，需要掌握很多业务技能。导购技巧千变万化，但核心内容无非是两点：促成交易和拒绝处理。

每个导购员都巴不得顾客在自己介绍完产品后豪爽下单付款，但这种景象难得一见。顾客在消费的时候，既有理性的利益权衡，也有感性的冲动决定。他们可以一高兴就"买买买"，也可能一不高兴就百般拒绝。

拒绝处理无疑是最令导购员头痛的工作内容。顾客在给产品和服务挑刺方面，几乎个个都是人才，拒绝的理由五花八门。这些拒绝理由会打乱导购员的销售节奏，迫使他们不得不花费更多的口舌来说服顾客改变决定。如果总是无法说服顾客，交易就会受阻，导购员甚至可能失去卖出产品的信心。

其实，促成交易和拒绝处理密不可分，是导购工作的一体两面。因为顾客对产品的态度无非两种情况，即买和不买，更多时候是以各种理由决定不买。即便顾客本意想买，也可能为了压低价格而假装不想买。也就是说，导购员在促成交易的过程中，难免会经过一番"拒绝处理"。

如果导购员能设法打消顾客的疑虑，让他们不再拒绝产品，自然就促成了交易。能做好拒绝处理的人，必定擅长促成交易。毫不夸张地说，任何不包含拒绝处理的导购话术，都是不完善的，都是脱离销售工作实际情况的。

若想妥善处理顾客的拒绝意见，不仅要求导购员具备良好的抗挫折能力，还需要一定的成交技巧。唯有如此，才能减少顾客的抵触心理，刺激顾客的消费欲望，努力把产品卖给真正需要它的人。

本书以导购的基本流程为主线，讲述了如何接待顾客、探知顾客需求、展示产品、打消顾客的疑虑、应付顾客的刁难、处理价格异议、促成交易、挽留顾客等具体技能。无论是新入职的导购菜鸟，还是老练的导购精英，都可以从本书中了解更多关于导购的业务知识，对这个职业产生更多的理解和敬意。

提高业务能力，争当让顾客满意的优秀导购员，成就自己，服务大众，这样的学习无疑是有意义的。在此，祝愿广大从事导购行业的读者工作顺利、事业有成。希望你接待过的每一位顾客，都对你赞不绝口。

目录 CONTENTS

第一章　菜鸟和精英都要遵守的导购基本法

什么是导购　/ 002

导购员的五大天职　/ 006

优秀导购员应具备的综合素质　/ 010

让顾客赞赏的礼仪修养　/ 015

没有好心态，哪来好导购　/ 019

第二章　顾客接待术的精髓是让人暖心

顾客刚进门时，不要马上胡乱推荐　/ 024

在合适的时机跟顾客沟通　/ 027

初次交谈，勿给顾客造成压力　/ 031

根据顾客的性格灵活调整接待模式　/ 034

接待老顾客时，人情味要给足　/ 039

注意留心老顾客带来的新顾客　/ 042

第三章 顾客嘴上说不要时，更该探明其真实态度

介绍产品之前，先问清顾客的需要 / 046

需求调查不宜太简单 / 051

三级询问法，让顾客愿意开口 / 055

逐渐缩小交谈范围 / 060

多听多观察，让顾客觉得自己握有主动权 / 063

第四章 产品展示不靠忽悠，提炼卖点才叫导购

抓准顾客的关注点，按顺序展示产品 / 068

让你的产品展示生动起来 / 073

不怕同类产品竞争，找出差异化卖点 / 076

提炼符合顾客核心需求的优势卖点 / 079

只讲优点而不提缺点，顾客信不过你 / 083

给顾客充分体验产品的机会 / 086

好导购不光卖产品，还是品牌文化宣传员 / 089

第五章 耐心打消对方的疑虑，顾客自然不会拒绝你

目标：减轻顾客的"焦躁感" / 094

顾客嫌弃产品不是名牌 / 098

顾客担心产品质量不够好 / 101

顾客怀疑产品不够档次 / 104

顾客怀疑产品是贴外国名牌的山寨货 / 108

第六章　灵活应对顾客刁难的百问不倒术

场景一：我是你们老板的朋友，给我便宜点 / 112

场景二：这两个都不错，你看我买哪一个 / 115

场景三：上次在你们这里买的东西根本不好用 / 120

场景四：在店里看着好看的衣服，买回家就不好看了 / 123

场景五：顾客觉得不错，但顾客的同伴觉得不好 / 126

第七章　别让价格异议阻碍每一笔生意

顾客说××品牌的竞品更便宜时，心里在想什么 / 130

快速判断顾客的预算，合理报价 / 133

公司规定不让价，但顾客坚持讨价还价，怎么办 / 137

顾客既要折扣又要赠品，怎么办 / 141

顾客表示很喜欢，就是太贵了，怎么办 / 144

顾客对产品很满意，但声称打折时再买，怎么办 / 147

顾客说网店比实体店便宜时，怎么办 / 150

第八章　抓好促成交易的临门一脚

抓住顾客的购买信号 / 154

讲究效率的直接成交法 / 157

左右逢源的选择成交法 / 160

顾客犹豫不决时，促使其下决心 / 163

制造饥饿营销效果 / 168

及时促成下单，避免顾客改变主意 / 172

第九章　顾客没买就打算离开时，导购该怎样挽留

导购员的九个"无心之过"，如同闭门送客 / 178

还没等你介绍就想走的顾客，未必不想购物 / 183

顾客的态度先热后冷，找出具体原因 / 186

如何说服为了讨价还价假装想走的顾客 / 190

在顾客去收银台付账的途中，有些意外情况要注意 / 194

第十章　说"欢迎下次光临"前，导购还能做些什么

按照流程处理异议，顾客自然信任你 / 198

顾客带来的孩子同样是顾客 / 204

设法延长顾客在店内的停留时间 / 207

真诚地表达善意，让顾客记住你的"亮点" / 210

尝试一下连带销售，但要适可而止 / 214

努力成为顾客朋友圈里的专业购物顾问 / 218

后　记 / 222

第一章

菜鸟和精英都要遵守的导购基本法

在学习具体的导购技能之前,我们应该先了解一下关于导购的基本理论。弄清什么是导购,掌握导购员的角色定位。成交技巧和拒绝处理技巧都是枝叶,对导购的整体认识才是根本。不立根本,枝叶不茂。光是背诵销售话术,还不足以做好导购工作。如果不明白导购的本质,一旦遇到不按套路出牌的顾客,导购员就会茫然不知所措。

什么是导购

> **课前思考**
> 1. 导购员在销售活动中扮演着哪些角色?
> 2. 导购员有哪些职业生涯规划路径?

一、自我检查

你在导购工作中是否存在以下情况?如果有的话,请在( )里打"√"。每空1分,总分最高5分,最低0分。得分较高,说明你的职业素养还存在一些不足之处;反之,则说明你具备较为良好的工作习惯。

( )	1. 对顾客说"要买就买,不买就走"
( )	2. 对顾客说"没钱来逛什么商场"
( )	3. 看到顾客没买东西就拉长了脸
( )	4. 对进门的顾客视而不见
( )	5. 对顾客的提问爱搭不理
症结诊断	对导购的内涵和意义缺乏足够的理解,觉得做导购员没什么门槛,也没什么前途。于是丧失了对工作的热情,抱着得过且过的心态混日子,而不肯去提高自己的销售能力。迫切需要重新梳理对导购的整体认识,改变消极的自我角色定位

二、导购的角色认知

什么是导购？从字面意思来看，导购就是引导购买商品。

引导谁购买商品？当然是顾客。

谁引导顾客购买商品？从事导购行业的劳动者——导购员。

如果你见过商场贴出来的招聘广告，就会发现商家对导购员的要求不只是会卖东西。例如，圣象集团北京公司招聘的导购员同时也是专卖店的店员。公司对导购员的具体要求如下：

岗位职责：
1. 店面日常业务的管理。
2. 主动完成公司每月下达的个人销售计划，并协助店长和同事完成店铺的销售目标。
3. 完成店长交付的其他工作。

任职资格：
1. 形象好，气质佳。
2. 有建材销售行业工作经验，业绩突出者优先。
3. 性格开朗，具有较强的沟通、表达能力，有亲和力。
4. 具备一定的市场分析、判断能力以及良好的客户服务意识。
5. 有责任心，能承受较大的工作压力。

这则招聘广告反映出当代导购员所扮演的四个基本角色：

1. 公司的形象代表

在顾客眼中，导购员的一举一动都代表着公司的形象。如果导购员能力出众、善解人意、言行举止颇有风度，顾客就会爱屋及乌，认为能培养出好员工的必然是好公司。反之，当导购员给顾客留下不良印象时，大家不仅会批评导购员个人，也会顺带鄙视公司。

2. 门店的服务员

导购员在负责店面日常运营工作的同时，也是接待顾客的一线服务员。

顾客愿不愿买东西，在很大程度上取决于门店导购员的服务水平。

3. 商场信息传播者

商场里的产品、活动、价格优惠等信息五花八门。导购员是掌握这些信息最多的人，堪称连接顾客与商场的一架桥梁。顾客购物时的一个主要信息来源，就是各个商店的导购员。

4. 顾客的产品顾问

顾客在购物时需要了解产品的特性、价值、功能、用途、使用方法、注意事项等信息。他们需要一个产品顾问来为自己解答疑惑。成为顾客的产品顾问，正是"导购"二字应有之义。

三、导购员的职业生涯规划

在现实生活中，很多人觉得导购是一项没有前途的工作，甚至将其视为低素质劳动力的收容所。这种观念充满了偏见。遗憾的是，不少导购员自己也这么想。无论在什么样的工作岗位，自食其力都是可敬的。三百六十行，行行出状元，导购也一样。从事导购工作的人，未来的出路有三种。

1. 成为金牌导购员

随着从业经验的增加，导购员将积累丰富的业务知识和稳定的客户资源，销售收入远远超过了业内平均水平。虽然一直在销售前沿拼搏，但公司和整个行业都会视你为精英，邀请你给大家做业务培训。

2. 晋升公司管理者

从最基层的导购员做起，逐步晋升为公司管理者也是一个发展路径。这需要导购员在提高自身销售能力的同时，刻苦学习管理技能。无论你将来成为产品经理还是营销总监，做导购员时积累的实战经验都非常有用。

3. 自主创业

有些导购员在多年工作中锻炼出过硬的销售技能和管理技能，积累了庞大的客户资源，熟悉产品的流通渠道。这些都为他们自立门户创造了良好的条件。可以自己开店当老板，也可以跟人合伙开店，或者成为著名公司连锁店的加盟商。

总之，导购工作并不低人一等，对于广大消费者来说十分重要。导购员未来的发展前途主要看他们自己是否努力做事、敢想敢干。不要为自己的懒惰找借口，优秀的导购员只会以极大的热情去工作，卖好每一件产品，服务好每一位顾客，通过不懈努力来实现自己的奋斗目标。

专家小科普

问卷调查显示，在导购队伍当中，40.7%的人倾向于自己开店或者开公司，21%的人期望能够成为公司白领，12.1%的人坚守类似导购的工作岗位。这是导购事业发展的三条主要道路。

培训讲师、业绩提升专家　肖晓春

导购员的五大天职

> **课前思考**
> 1. 导购员要做哪些基本工作?
> 2. 导购员应当具备哪些职业理念?

一、自我检查

你在导购工作中是否存在以下情况?如果有的话,请在( )里打"√"。每空1分,总分最高5分,最低0分。得分较高,说明你的职业素养还存在一些不足之处;反之,则说明你具备较为良好的工作习惯。

( )	1. 给顾客许下自己做不到的承诺
( )	2. 让顾客自己打包产品
( )	3. 懒得进仓库翻箱倒柜地找产品,就对顾客说"没有"
( )	4. 顾客咨询时,自己给不出准确的意见
( )	5. 对顾客呼来喝去
症结诊断	对自己工作的内容缺乏清晰的了解,不知道导购员该做什么和不该做什么,以为只要能卖出东西、收到顾客付款就万事大吉,毫无服务精神。殊不知,导购员也有自己的天职,而且现代市场对导购员的职业素养提出了更高的要求

二、导购员的基本工作

导购员卖的东西千变万化，但基本工作内容相差无几，主要分为以下五种：

1. 售卖商品

售卖商品是导购员最主要的工作，他们的辛勤劳动对公司的利润贡献很大。从某种意义上说，导购员的业务水平决定了公司产品的销量。卖不出商品的导购员，不是能力存在严重的不足，就是工作态度有问题。苦练销售本领是每一位导购员的首要义务。

2. 服务顾客

现代销售理论高度重视服务，服务顾客也就此成为导购员的一大天职。我们应该充分满足顾客的各种合理要求，向顾客推荐合适的产品和服务项目。一名优秀的导购员，能让顾客有宾至如归的购物体验，放心地购买自己感兴趣的产品。

3. 维护卖场

除了卖产品和服务顾客外，导购员每天的上班时间主要用在维护卖场方面。做好商品陈列，随时整理货架、补充货物，打扫卖场的卫生，检查产品有无变质、破损、过期等情况。此外，导购员还要定期对产品进行盘点。

4. 宣传品牌

导购员在销售过程中应该向顾客宣传产品背后的品牌，为企业树立良好的形象，提高其品牌的美誉度。导购员可以通过制作海报、改进商品陈列方式、举办促销活动、创建卖场新媒体平台等途径来扩大品牌的宣传范围，让更多顾客知道这里可能有他们感兴趣的东西。

5. 收集和反馈市场信息

顾客找商店反馈意见时，最先接待他们的不是商店的最高管理者，而是导购员。导购员位居销售渠道的终端，是跟产品使用者（顾客）直接打交道的一线人员。他们可以借此机会收集各种市场信息，并将其及时反馈给公司。

尽管销售商品的能力是导购员最重要的考核指标，但公司对其他方面工作的考核也不可松懈。所有的导购员都应该认真做好这五种工作内容，不可因销售业绩突出而骄傲自满，把其他工作都丢给同伴。

三、导购员应具备的五种职业理念

随着市场经济不断完善，社会对导购员的要求越来越高。为了更好地完成使命，导购员应该具备以下五种职业理念：

1. 积极向上的事业心

导购员的职业生涯规划有不同的道路，但无论哪一条道路都需要积极向上的事业心。尽管导购是随处可见的普通工作，但拥有事业心的人能做好每一单生意，给每一位顾客留下好印象，一步一个脚印地创造属于自己的成功。事业心是把平凡变为卓越的催化剂。

2. 高度的责任感

没有责任感的导购员，会被顾客认为是不够专业的。导购员的责任感主要表现为对工作负责，对顾客负责。比如，导购员发现有问题的产品，应该及时上报处理，而不能睁一只眼闭一只眼地放任其流入市场。

3. 坚持终身学习

市场在变，产品在变，顾客的喜好和消费习惯也在变。导购员应该摆脱杂牌军的阶段，朝着更高的层次发展。我们必须树立终身学习的理念，不断提高综合业务能力，让自己变得更加职业化，这样才能更好地完成公司下达的销售任务。

4. 真诚待人，诚信做事

导购员不能只是脸上挂着训练出来的"职业微笑"，更该发自内心地尊重他人。销售充满了技巧，有时候难免会利用人们的某些心理弱点。但导购员必须真诚待人、诚信做事，否则，顾客迟早会因为你的虚情假意和不守信用而离开。

5. 以人为本的服务精神

服务贵在以人为本。导购员售卖商品时的态度不可生硬粗鲁,应该从各种细节上为顾客提供人性化的服务。没有哪个顾客会讨厌有人情味的导购员。相反,他们经常会购买更多的产品,以此回报导购员带给自己的优质服务。

每一位导购员都应该怀着职业理念做事,认真履行五大天职。促成交易的技巧虽多,但只有足够职业化的导购员才能掌握其中精髓。拒绝处理的难度虽大,但恪尽职守的导购员总能找到解决办法,获得一个让双方都满意的结果。这正是我们的努力方向。

专家小科普

缺少产品或市场知识也是经理或者导购员的过错吗?有时候,我们很难确定责任究竟是属于哪一个人,但是顶级的职场人士都明白,如果自己缺乏相关知识,就要千方百计去学习。如果经理没有告诉你足够的信息,你应该去仔细询问他。你也可以从其他渠道了解情况。别把自己变成"怨妇",你天生就不是被用来做平均数的。

——美国销售专家 莎莉·列维京

优秀导购员应具备的综合素质

课前思考

1. 做导购员真的不需要太多知识吗？
2. 导购员只要学会卖东西就够了吗？

一、自我检查

你在导购工作中是否存在以下情况？如果有的话，请在（ ）里打"√"。每空1分，总分最高5分，最低0分。得分较高，说明你的职业素养还存在一些不足之处；反之，则说明你具备较为良好的工作习惯。

（ ）	1. 顾客询问相关产品品牌的问题时，不看说明书就答不出来
（ ）	2. 顾客询问公司的情况时，一问三不知
（ ）	3. 对公司的价格政策一直记不牢
（ ）	4. 对公司新增加的产品类型不够熟悉，无法准确说出其性能特点
（ ）	5. 对整个消费品市场的动态心中无数，不知道公司目前的业内排名
症结诊断	以上问题都是导购员缺乏职业素养的表现。在信息传播手段不发达的时代，顾客获得产品信息的渠道十分单一，产品种类和价格政策不多。那时候的导购员无论水平如何，都能确保销售成功。但如今市场上的产品种类极为丰富，价格政策也在不断调整，顾客了解产品及价格信息的渠道极多。假如不加强学习，就无法为越来越精明的顾客提供足够专业的服务

二、导购员的综合素质结构

直到今天，导购员的入职门槛依然比较低。用人单位对应聘者的学历和工作经验要求不高，对形象气质要求更多。有的商店限定只招收35岁以下的青年男女做导购员，有的商店则不限年龄。但是，入职门槛较低不等于导购工作好做。前面提到的五种基本工作内容，导购员只有具备一定的综合素质才能做得出色。

对于导购员的综合素质结构，业内目前还没有太深入的研究。我们暂且从两个维度来讨论这个问题：一个维度是知识储备，另一个维度是导购技能。

1. 知识储备

导购员需要掌握的知识主要包括以下四类：

产品知识	公司详情	市场行情	顾客行为心理学
产品的构造、用途、性能、使用方法、维修保养知识。不同规格、型号、式样、品牌的产品之间的差异。产品的品牌故事以及口碑情况	本公司的发展史、主营业务、发展规模、组织形态、人员构成、营销战略、营销渠道、价格政策、生产能力、销售能力、产品种类、服务项目等	本行业的最新动态、同行竞争者的营销策略、区域市场的经济状况、当地群众的风俗习惯和消费偏好、顾客的购买力、潜在顾客的需求及分布特征	顾客的类型、需求特点、购物动机、消费时的心态、购物习惯，对购物环境、交易方式、交易条件和购物时间的要求

无论导购员的学历高低与否，都要从头开始学习相关的知识。随着营销学界对销售、顾客行为等领域的研究力度不断加强，很多知识都在更新迭代。因此，导购员必须保持与时俱进的学习精神，以免知识储备跟不上时代要求。

2. 导购技能

如果说知识储备是导购员的"内功",那么导购技能就是导购员的"外功"。相对于知识储备,导购员们往往更重视"外功"的修炼。根据导购员的工作内容,我们可以把导购技能分为三类:

销售技能	服务技术	卖场维护技巧
能运用产品知识和顾客行为心理学推销产品。准确提炼产品的卖点。找出最能打动顾客的产品介绍方法。策划充满创意性的促销活动	具有良好的职业形象,对顾客具有人格感染力,能让他们感到温暖亲切。以巧妙的方式给顾客带来充满乐趣的购物体验	跟销售和服务工作相比,卖场维护工作要单调枯燥得多,本质上跟"家务活"区别不大。为了给顾客一个更好的购物环境,导购员要掌握娴熟的卖场维护技巧,让卖场始终以最佳形象示人

至此,我们可以得出一个简单的公式:

$$导购员的综合素质=知识储备×导购技能$$

两个要素不可偏废。如果知识储备不足,导购技能再强,也会削弱综合素质的整体水平。反之亦然。假如我们在充实四类知识的同时不断完善三大技能,就会让自己的综合素质翻几番。

三、导购员应当掌握的五种能力

优秀的导购员必定具备比较完善的综合素质结构。如果仔细观察其日常言行,我们不难发现他们在很大程度上是靠五种能力来高效工作的。

1. 观察力

察言观色是导购员的基本功。当一位顾客进门后,优秀的导购员能从各种细节迅速判断出该人的性格类型和兴趣点。在此基础上，他们能灵活调整服务策略，拉近与顾客之间的距离，推动销售的进展。

2. 表达力

表达力除了需要出色的口才之外，还要在肢体语言、表情等非语言沟通方面做到最好。运用恰当的提问方式从顾客那里获取信息，然后再以专业而富有诚意的说辞解答他们的疑惑。把话说到顾客心里去，让他们愉快地做出购买决定。

3. 记忆力

没人喜欢稀里糊涂的导购员。导购员业务不熟的一个重要表现就是丢三落四、颠三倒四，不能准确记忆销售信息。这无疑会大大降低导购的效率，给顾客留下糟糕的印象。优秀的导购员总是能通过准确的记忆来赢得顾客的青睐。

4. 自控力

导购员要努力控制自己的情绪。在保持服务热情的同时，还要能冷静处置某些顾客的无理取闹。尽管自尊心会受到伤害，但优秀的导购员总是能以良好的自控力来面对各种刁难，妥善地解决纠纷。

5. 应变力

顾客的年龄、性别、性格和需求各不相同，需要对应的服务方式才能打开其心扉。导购员每天接待形形色色的顾客，销售情境无时无刻不在变化。这份工作容不得丝毫死板僵化，所以导购员必须学会在遵守规章制度和职业道德的基础上灵活应变一切突发状况。

由此可见，我们可以从四类知识、三项技能、五种能力这十二个方面来考查导购员的综合素质。哪个方面存在不足，就强化训练哪个方面。导购员只有在知识储备、导购技能、工作能力三方面都加强学习，才能让个人的综合素质获得全面提升。到那时，你将获得更多的成就。

专家小科普

导购应具有旺盛的求知欲，善于学习并掌握多方面的知识。只有这样，在与各种各样的顾客打交道时，才能游刃有余，更好地为顾客服务。要想成为一名成功的导购，必须掌握一系列专业的导购技巧。这些导购技巧可以帮助一个普通的导购脱颖而出。同时，也只有具备了专业技巧和专业销售行为的导购，才能成为一名专业的优秀导购。

培训讲师、业绩提升专家　肖晓春

让顾客赞赏的礼仪修养

> **课前思考**
> 1. 顾客不希望看到什么样的导购员？
> 2. 导购员应该注意哪些礼仪修养细节？

一、自我检查

你在导购工作中是否存在以下情况？如果有的话，请在（ ）里打"√"。每空1分，总分最高5分，最低0分。得分较高，说明你的职业素养还存在一些不足之处；反之，则说明你具备较为良好的工作习惯。

（ ）	1. 坐下来谈话时跷二郎腿，或者半坐半躺
（ ）	2. 走路时步态不雅、横冲直撞
（ ）	3. 站立时弯腰驼背，一副懒洋洋的样子
（ ）	4. 服务态度冰冷生硬，就算顾客生气了也我行我素
（ ）	5. 看到顾客进门了还继续跟同事聊天，没有走向顾客
症结诊断	专业品牌连锁店的导购员通常对着装、礼仪、服务流程等方面有统一的要求。但其他类型商店的导购员可能没那么明确的规定，各方面都比较随便。如果导购员自己懒得去学习，在礼仪修养方面不可能做得太好，这样很容易被竞争对手比下去

二、导购员的仪容仪表要求

没有顾客会喜欢一个不修边幅的导购员。整洁的仪容仪表体现了导购员的职业素养，也是对顾客的一种尊重。

1. 衣着规范

通常而言，正规的卖场都会给导购员配发统一的着装，以体现自己的品牌形象。导购员应该注意扣齐衣服的纽扣，不要敞开外衣和卷起袖口、裤腿。工作牌戴在上衣口袋居中位置。工作服要勤换洗。假如卖场不发统一的着装，就穿不太保守也不过于时髦的朴实大方的衣服。服装不能只有单一款式，不同的季节可以有多样的搭配。

2. 发型应该整洁利落

导购员最好使用大众常见的发型，不要把头发做成"杀马特"等奇怪的造型。如有染发，不要用过于夸张的颜色。总之，不要给人油头粉面、奇形怪状的感觉。

3. 注意面部修饰

导购员应该注意保持面部洁净，化妆时采用适当、自然的淡妆，清除过长的胡须、鼻毛、汗毛等，避免黑眼圈和糟糕的脸色。

4. 饰物方面的要求

这里的饰物主要是指头饰、耳环、项链、手链、脚链、戒指等。除了某些特殊的工作岗位外，导购员可以戴饰物也可以不戴。如果戴饰物的话，应该注意少而精，选择跟着装风格搭配的饰物。如果是严肃场合，最好不要戴多余的饰物。

三、导购员应有的仪态

顾客判断一名导购员是否训练有素的主要依据，就是导购员在工作中表现出来的仪态。我们需要注意的主要是以下几个方面：

1. 眼神

导购员在与顾客交谈时，应该有60%~70%的时间注视对方两眼和嘴之间的三角区域，以表示对顾客的尊重。特别是顾客提问时，我们绝不能东张西望、心不在焉。注视时应该采用正视，而不能斜视、瞟、翻白眼、半睁半闭。眼神应该亲切、自然，不可咄咄逼人或者抛媚眼。

2. 微笑

保持和善的微笑，是导购员最基本的仪态要求。我们微笑时不可皮笑肉不笑，不光是嘴角上扬，眼睛也要带有笑意，肢体语言和表情相结合，这样才能表现出喜悦之情。导购员应该时刻调整心态，把快乐和热情随时传递给顾客。

3. 手势

手势是最重要的肢体语言。导购员在做产品展示或者异议处理时，手势都将起到重要作用。导购员的手势应该优美得体，不要变成手舞足蹈，也不要过于浮夸。避免把手插在口袋里，展示产品时要轻拿轻放。

4. 站姿

导购员的站姿应该挺胸抬头收腹，膝盖自然挺直，但又不能过于绷紧，应该适度放松。不可松松垮垮，不可弓腰驼背，不可前挺后撅，不可倚墙而立，不可靠在柜台边上，不可前趴后靠，不可摇头晃脑，不可浑身抖动。

5. 坐姿

虽然导购员在工作中坐的时间较短，但不端正的坐姿会给顾客留下坏印象。我们坐下时应该挺直腰板，双膝并拢微分，身体稍微前倾表示对谈话对象的尊重。不可跷二郎腿，不可单腿踩凳，不可弯腰驼背。

6. 走姿

导购员走路时应该双肩平稳，目视前方，下颌微收，手臂自然摆动，挺胸收腹，上身略微前倾，步幅均匀。不可横冲直撞，不可狂奔乱跳，不可跟顾客争道，不可挡路，不要走八字步、鸭子步等不雅步态。

礼仪修养体现了一个人的基本素质。顾客如果面对的是缺乏教养的导购员，就会恨屋及乌，连产品也一并列入黑名单。导购员还没来得及展现自己的能力就提前宣告出局了。由于礼仪修养的瑕疵而丧失成交机会，显然是很不划算的事情。每一位敬业的导购员都应该极力避免这些不良习惯。

> **专家小科普**
>
> 在顾客眼里，一个导购如果不修边幅，将会被看作一个生活懒散、没有责任心的人，这样的导购很难得到顾客的信任和尊重。因此，作为导购，具有整洁、温馨的仪容仪表是最基本的要求。导购在工作中的着装修饰、仪容仪表，必须在尊重自己和尊重顾客的基础上，突出自己的职业性、服务性，力求给顾客留下温馨美好的第一印象。
>
> 培训讲师、业绩提升专家　肖晓春

没有好心态，哪来好导购

课前思考

1. 为什么部分导购员会产生职业自卑感？
2. 导购员的心理压力主要来自哪里？

一、自我检查

你在导购工作中是否存在以下情况？如果有的话，请在（　）里打"√"。每空1分，总分最高5分，最低0分。得分较高，说明你的职业素养还存在一些不足之处；反之，则说明你具备较为良好的工作习惯。

（　）	1. 遇到一点小事就大呼小叫
（　）	2. 接待顾客时很紧张，没有自信
（　）	3. 接待顾客时很不耐烦，说话带刺
（　）	4. 让顾客感觉你总是疲惫不堪
（　）	5. 总是怀疑自己不是当导购员的料
症结诊断	导购兼具销售和服务两种性质，必然要接待各种各样的顾客，面对较大的绩效考核压力。如果抗压能力较弱，导购员很难调节自己的心理状态，在工作中发挥不出正常的水平。特别是怀有职业自卑感的人，无论做什么工作都会很吃力。我们应当树立自信，以积极的心态来改善工作状态

二、导购员的常见压力来源

没有压力就没有动力。但内心一直承受太大压力的人，更容易出现失常、失态、失误的情况。想要及时排解压力，先得了解压力来源。实践表明，导购员的常见压力来源主要有以下五种：

1. 工作因素

对于绝大多数导购员来说，公司的销售业绩指标是最直接、最根本的压力来源。导购员的底薪并不高，主要靠销售提成来养家糊口。销售能力的强弱会让各个导购员的实际收入水平产生较大的差距。而完不成销售业绩指标的导购员，最终可能失去这份工作，甚至告别销售行业。

2. 环境因素

这里的环境指的是导购员个人日常生活环境，包括卖场的工作环境与家庭环境。环境因素中对导购员影响最大的是人际关系。与同事的关系，与上司的关系，与下属的关系，与家人的关系，都会给导购员带来不同程度的压力。

3. 角色因素

每个人在社会中会扮演多个角色。一位导购员同时也拥有其他的角色身份，比如儿女、父母、朋友、老师、学生，甚至是网络红人这样的特殊角色。我们扮演着某个角色时，就相应地担负起了相关人群的期望。当导购员的自我角色定位混乱，或者扮演的角色过多时，就会感到不堪重负。

4. 心理因素

导购员的心理健康状况也是重要的压力来源。上进心、虚荣心、好胜心、攀比心、投机心、自卑感、愧疚感、迷茫感、恐惧感等心理因素，会对导购员造成不同程度的压力。

5. 情绪因素

导购员的情绪会在工作中不断变化。积极情绪能带来动力，消极情绪则会带来压力。比如，焦虑、不安、烦躁、悲伤、忧愁、恼怒等消极情绪会让导购员的压力迅速增加。

三、树立五种职业心态

压力是客观存在的，并不会永远消失。就算你排解了旧的压力，还会有新的压力产生。但我们不用为此感到悲观。在积极的职业心态的指引下，导购员可以随时随地化压力为动力，保持良好的精神状态和工作状态。以下是所有导购员都应当树立的五种职业心态：

1. 自信不自傲

自信的人才能冷静沉着地应对各种麻烦，以热情饱满的状态完成工作。但相信自己的力量不等于迷信自己的力量。导购员要自信而不能自傲。自傲之人自以为高人一等，不懂得欣赏别人的优点，也失去了平等待人的同理心。这样的导购员无法给顾客带来真诚的服务。

2. 力争上游

这里的力争上游不仅仅是取得更高的销售业绩，还包括促进个人的全面发展。导购员不该以得过且过的态度混日子，要争当卖场的标兵，甚至是行业的精英。

3. 虚心好学

如今的市场正变得越来越复杂，传统的导购手段难以满足需求。导购员应该不断学习新的产品知识和营销手段（特别是运用新媒体平台做营销的技巧），积极开拓自己的思路，研究新的导购技巧，更好地宣传推广产品品牌。

4. 宽厚包容

导购员每天说着同样的职业用语，重复着枯燥的卖场维护工作，内心或多或少会感到有些疲惫。而且我们接待的部分顾客可能有让人不快的举动，会让导购员在服务过程中遭遇各种刁难和麻烦。这就需要导购员以宽厚包容的心态来调整自己的情绪，不让自己陷入情绪垃圾中不可自拔。

5. 深度思考

导购员的目光不能局限于货柜和收银台，应该放得更远一些，学会从更高的层面去考虑营销问题。深度思考能锻炼你的全局视野和组织管理能力。无论导购员日后是做公司管理者还是自己开店，都能用上深度思考积累出来的见识。

想要成为一名优秀的导购员，必须树立良好的职业心态，战胜各种压力。我们改变不了每天要面对压力的现实，却可以把自己锻炼得无比坚强，面对压力越战越勇。当你完成每一单交易后蓦然回首，会发现已经在不知不觉中跨过了原以为不可逾越的坎。好心态会引导你走向胜利，胜利又会强化你的好心态。这样的良性循环多多益善。

专家小科普

有快乐的导购才有快乐的顾客。压力是主观感受，要想成为顶尖的导购，只有对造成压力的客观原因进行分析，并及时地缓解压力，消除生活和销售工作中的障碍，才能使自己和顾客都快乐。导购应该适当地给自己必要的训练和鼓励，减轻心理压力，让自己能愉快地完成工作。

培训讲师、业绩提升专家　肖晓春

第二章
顾客接待术的精髓是让人暖心

接待顾客是导购的基本功。恰到好处的接待，不是光靠热情开朗就行的。比起说话技巧，更重要的是快速识别顾客的类型，把握合适的发言时机，只说让顾客感觉舒服的话，绝不能强迫顾客跟你闲聊。导购员不可完全按照销售套路接待顾客，这样很容易被敏感的顾客视为矫揉造作之举。多一些真诚，少一点套路，是赢得顾客好感的不二法门。

顾客刚进门时,不要马上胡乱推荐

> 课前思考
>
> 1. 顾客进门时为什么不能马上推荐产品?
> 2. 导购员应该怎样接待刚进门的顾客?

一、自我检查

你在导购工作中是否存在以下情况?如果有的话,请在( )里打"√"。每空1分,总分最高5分,最低0分。得分较高,说明你的职业素养还存在一些不足之处;反之,则说明你具备较为良好的工作习惯。

( )	1. 顾客一进门就迫不及待地推荐热销产品
( )	2. 顾客表示不要时,还继续推荐
( )	3. 没给刚进门的顾客一个缓冲的时间
( )	4. 只顾自说自话,不给顾客发言的机会
( )	5. 看到刚进门的顾客转身要走,就上去拉住人家胳膊
症结诊断	这些都是新手导购员常犯的错误。热情是对的,但过度热情是误区。积极主动是对的,但不讲究时机的积极主动只会事与愿违。刚进门的顾客还处于适应卖场环境的阶段,警惕性比较高,不喜欢被冷落,也不喜欢马上被带入别人的节奏。他们在看了卖场的布局和主要产品之后,才会在头脑中形成自己的想法

二、别给刚进门的顾客施加压力

我们不妨先来个换位思考。假设你是一名顾客,路过商场时心血来潮想买点东西,但也不知道有什么可买的。当你走进店门时,还没来得及浏览产品就被过度热情的导购员问七问八的,一时搞不清楚该怎么回答……这样,你觉得舒服吗?但这就是很多导购员对顾客做的事情。

热情服务是没错的,但也要看对象、场合、时机。顾客刚进门时脑子需要缓冲一下,不喜欢在还没搞清楚情况时就被导购员逼着做选择。他们想听到"欢迎光临"的招呼声,但在想法尚未成型时不想轻易回应导购员的提问。因为那样会给他们带来压力,而压力容易让人产生失误。顾客讨厌压力,特别是导购员还不了解自己需求时就胡乱推荐产品。这种"盛情难却"让他们担心自己的钱包失守。如果顾客想说话的时候,他们自然会主动找你。

导购员想要赢得顾客的好感,就得帮他们减轻压力,而不是施加压力。急于推荐产品只会招致顾客反感。对刚进门的顾客彬彬有礼而又能保持一定的距离,才是合适的服务方式。

三、接待进门顾客的规范流程

下面是国内导购专家经过多年实践经验总结出来的顾客接待流程规范:

1. 接待首次光临的新顾客

- 精神面貌要求:导购员应该以愉快、轻松的微笑来接待顾客。
- 站位要求:导购员们应该合理地分布在非主要通道上,离入口保持至少5米距离,不可站在有障碍物遮挡的地方,便于直接接待顾客。
- 接待动作要求:当顾客进店后,导购员不能直接快步上前迎接,具体分两种情况。当导购员与顾客相距5米以内时,应该原地打招呼;如果相距5米以上,导购员慢步移动到5米以内的距离即可。

•招呼用语注意事项：不要一上来就直接询问"先生，需要买××吗""先生，需要我为您服务吗""先生，我给您介绍一下最新到货的产品吧"之类的问题，以免给刚进店的顾客带来较大压力。在顾客自行浏览产品时，不要在一旁喋喋不休地做讲解。

2. 接待多次光临的老顾客

•精神面貌要求：同上。

•站位要求：同上。

•接待动作要求：与接待新顾客不同，导购员可以快步上前迎接，跟老顾客保持2米以内的距离，还可以给他们倒水或者送点心。

•招呼用语要求：导购员不必跟老顾客过于拘谨，应该尽量表现得放松一些，可以直接询问老顾客有什么需要。

这两套接待流程规范充分考虑了不同类型顾客在刚进店时的心理感受。导购员应该用心领会每个细则背后的服务精神，让不同类型的顾客在刚进门时都能体验到一个轻松自在的购物环境。如果把顾客搞得紧张兮兮的，导购员自己也受累。而如果遵循轻松的待客之道，销售工作会变得更加顺利。

专家小科普

在整个销售过程中，导购员都会很好地掌控顾客的情绪——而不是在快结束时，才想到自己应该注意顾客的情绪。他们千方百计地去建立融洽的关系，也会在合适的时机推介产品，赢得订单。除此之外，他们在达成交易阶段会很好地应对客户的抵触情绪，因为他们将这一原则贯彻在整个销售之中。

——美国销售专家　莎莉·列维京

在合适的时机跟顾客沟通

> **课前思考**
>
> 1. 一味地热情服务就能讨顾客的欢心吗?
> 2. 导购员应该在什么时候接近顾客比较合适?

一、自我检查

你在导购工作中是否存在以下情况?如果有的话,请在( )里打"√"。每空1分,总分最高5分,最低0分。得分较高,说明你的职业素养还存在一些不足之处;反之,则说明你具备较为良好的工作习惯。

( )	1. 不知道什么时候该插话
( )	2. 不知道什么时候该闭嘴
( )	3. 由于太过热情,让沉默寡言的顾客感到不自在
( )	4. 说了一大堆顾客不感兴趣的话
( )	5. 只是被动地等着顾客来问,而不主动服务
症结诊断	顾客不是来跟导购员聊天的。他们也许开朗健谈,也许沉默寡言,但目标都是确认有没有自己需要的产品。所有的顾客都会希望有一段不受打扰的时间来仔细查看产品。如果导购员一直喋喋不休,会令人厌烦。但顾客也希望导购员能在自己需要咨询时第一时间出现。这个时机和分寸必须掌握好

二、导购员应该怎样接近顾客

导购员的收入与产品销售额成正比，只有积极服务顾客才能促成交易。但是，接近顾客是一门学问，需要的是分寸感和时机把握的能力。太早接近会打断顾客的思路，显得不够礼貌；太晚接近又会让顾客觉得自己被怠慢了，心情不爽。如果导购员在不恰当的时机以不恰当的方式靠近他们时，他们可能会转身离开。如果我们掌握了以下知识点，接近顾客就不是什么难事了。

1. 接待顾客的三个原则

我们在接待顾客时，应该谨记三个原则：

（1）保持"3米微笑"

导购员在顾客走进商店门口的3米时，就应该向顾客微笑致意，和他们打招呼。这是导购员迎接顾客最基本的要求。顾客在刚进门时就受到了礼遇，心情会比被冷落时好很多，容易提起购物兴趣。

（2）必说"欢迎光临"

这也是最基本的待客要求。有的导购员在"欢迎光临"之后还喜欢加上一句"请随便看看"。这句欢迎语表面上是在让顾客放松心情逛商场，实际上给顾客施加了一个"随便看看就可以走了"的心理暗示。所以，还是不要画蛇添足为妙。

（3）不要过分热情

大多数顾客不喜欢有人一直跟着自己，因为那样会让顾客感觉自己正在被监视。过分热情的导购员跟过分冷漠的导购员，都是顾客不想见到的。顾客只想要适度热情的导购员，最好是不需要时像空气一样，需要时总能及时出现。

2. 导购员接近顾客的最佳时机

在正常情况下，导购员应该跟顾客保持适当的距离，直到顾客需要咨询时再靠近。顾客当然不希望自己高声召唤时导购员才出现，最好是能在自己准备开口提问之前就已经来到跟前。这对导购员的观察能力提出了较高的要求。以下是导购员接近顾客的几个最佳时机：

（1）顾客长时间注视某件产品时

这说明顾客对该产品已经产生了兴趣，需要导购员去讲解。

（2）顾客跟同伴谈论某件产品时

这说明顾客已经动了购买该产品的念头，还需要再权衡一下到底买不买。导购员可以准备进行产品展示或价格商谈了。

（3）顾客扫视商店似乎在寻找某物时

这说明顾客之前看上了某件产品，正在寻找它。导购员应该帮顾客迅速找到并顺势进行产品解说。

（4）顾客查阅产品标签和价格时

这说明顾客对产品已经产生了兴趣，想了解该产品的品牌和价格。如果品牌口碑好、价格实惠，就会决定购买。导购员在这时候可以接近顾客，简要介绍一下产品信息。

（5）顾客看着手中的产品又抬起头时

这说明顾客想找导购员咨询一些事情，导购员应该第一时间走向顾客。

（6）顾客即将离开的瞬间

顾客逛了大半个商店正准备离开，这时候，导购员可以拿着宣传单迅速上前向顾客推荐特价活动产品。

3. 合适的接近方式

导购员来到顾客身旁后，可以采用提问法或者介绍法来跟顾客交谈。提问法就是以简单的提问方式来开启话题，如"您好，需要什么帮助吗？""有什么我可以帮您的吗？"等。介绍法就是直接介绍顾客手中拿的或者正在注视的产品，可以采用"这是我们公司最新推出的××，最近卖得挺不错……"之类的句式。

除了上述经验外，导购员在接近顾客前一定要注意观察对方的情绪状态。顾客情绪高涨时可以更加热情主动一些，多聊几句。如果顾客情绪低落，就不要太多话，除了必要的帮助和说明外，最好给顾客一个安静选购产品的空间。

专家小科普

特别提醒一点，准备推荐的时候不要咨询顾客："需要我给您介绍一下吗？"原因在于，如果你这么说了，顾客很有可能说"不需要"，那么你就很难与顾客交流下去。正确的做法是，你走过去微笑着对顾客说："您的眼光真好，这款是本月刚刚上市的量子点电视。什么是量子点呢？我向您做个简单的介绍……"

海尔优秀导购员　李俊峰

初次交谈，勿给顾客造成压力

> **课前思考**
> 1. 为什么有些导购员在初次交谈时就会把顾客吓跑？
> 2. 怎样给顾客一个宽松舒适的交谈氛围？

一、自我检查

你在导购工作中是否存在以下情况？如果有的话，请在（　）里打"√"。每空1分，总分最高5分，最低0分。得分较高，说明你的职业素养还存在一些不足之处；反之，则说明你具备较为良好的工作习惯。

（　）	1. 说话节奏过快，让顾客来不及反应
（　）	2. 说话嗓门过大，让顾客感觉吵
（　）	3. 措辞太尖酸刻薄，让顾客心里不爽
（　）	4. 谈吐太低俗，让顾客质疑你的专业程度
（　）	5. 情绪太容易激动，让顾客认为你缺乏理性
症结诊断	顾客与导购员的初次交谈，是一个典型的陌生人之间的对话。双方通过第一印象来判断对方是否值得信赖，然后才决定要不要继续谈下去。顾客希望能轻松愉快地完成购物目标。如果导购员在初次交谈时让顾客感觉不自在，他们往往会放弃原先的意图，迅速离开压力的来源

二、不给顾客压力的接待技巧

顾客走进商店时，或多或少都会有一点戒心。他们跟导购员还不是很熟，对商店的产品和售后服务也缺乏信任。这种心态使得顾客背上了几分压力，对购物环境和导购员的举动分外敏感，稍有不顺就想离开。所以，有经验的导购员总是想办法减轻顾客的戒心，在接待过程中尽可能地避免给顾客压力。他们经常使用以下几种接待技巧：

1. 给顾客留出一点时间和空间

导购员在跟刚进门的顾客打完招呼后，应该给他们15秒钟的自由。在这15秒钟里，只要他们不来找你，你就先跟他们保持一定的距离。这个距离要不近不远，近到能清楚地观察到他们的表情、动作，远到听不见他们跟同伴的交谈。顾客在此期间会观察店内的产品，熟悉这里的环境。导购员也可以用来观察和思考，琢磨下一步的服务细节。

2. 用余光观察顾客的反应

导购员虽然没有立即接近顾客，却一直用余光观察其反应。千万不要直勾勾地盯着顾客背后，因为那样会让他们感觉自己正在被监视。当导购员注意到顾客有寻求帮助的迹象时（即前面提到的接近顾客的最佳时机），就要不失时机地跟顾客打招呼。这样的接待方式会让顾客感到舒适体贴。

3. 推荐产品时顺便赞美一下顾客

与顾客初次交谈时，应该多说一些让他们心情舒畅的话。在推荐产品时，可以找一个点来赞美顾客。导购员可以称赞顾客的颜值、品德、品位、经济实力、地位等。唯一需要注意的是，赞美不是阿谀逢迎，不能过于脱离实际。顾客听到真诚的赞美时，心里会感到高兴，比平时更加自信果断，也更容易接受你的建议。但缺乏诚意的胡乱吹捧，会让顾客怀疑你的人品。

4. 以巧妙的说辞引起顾客的兴趣

虽然销售产品有话术模板，但购物经验丰富的顾客已经听腻了，基本上对此免疫。导购员在推荐产品时应该琢磨一些新的话术，通过提出一个新的观点，或者是顾客没想到的冷门知识，引起对方的兴趣。当顾客处于兴致勃勃的状态时，导购员做什么都能得到对方的积极配合，离成交只有一步之遥。

5. 只向顾客提容易回答的问题

导购员第一次接触顾客时不知对方的性格、思想、作风，想要通过提问来打开话题时，一定不要问太复杂的问题。顾客跟你初次交谈时的压力最大，假如你提出来的问题让他们无法回答，就只能尴尬地离开。简单易答的问题显得导购员平易近人，顾客会认为你很好相处，是个可以帮自己解决问题的人。

总之，我们跟顾客的初次交谈最好是轻松而愉快的，这样才能把怀有一定戒心的新顾客变成朋友一般的老顾客。精通待客之道的导购员不仅人缘更好，销售业绩也更有保障。不给顾客太大压力，顾客就会成为你光大事业的助力。这个道理，每一位导购员都应该铭刻于心。

专家小科普

很多顾客进入门店时难免会有一定的戒备感。此时，他们一般不愿主动说话，对我们的热情接待要么不理不睬，要么说"随便看看"。因为他们担心自己一旦开口说话或者回应我们的问题，就会被抓住把柄而落入店铺设计的圈套，他们可不希望自己被导购缠住而难以脱身。所以，顾客总想极力保护自己，而保护自己的最好方式就是不说话或"随便看看"。

零售店导购专家　王建四

根据顾客的性格灵活调整接待模式

> **课前思考**
> 1. 顾客在什么情况下才会跟导购员聊天？
> 2. 如果遇到不爱聊天的顾客，导购员应当如何接待？

一、自我检查

你在导购工作中是否存在以下情况？如果有的话，请在（ ）里打"√"。每空1分，总分最高5分，最低0分。得分较高，说明你的职业素养还存在一些不足之处；反之，则说明你具备较为良好的工作习惯。

（ ）	1. 接待健谈的顾客时，聊到忘记工作
（ ）	2. 跟健谈的顾客交流不够多，让对方误以为你不热情
（ ）	3. 接待不健谈的顾客时，不管对方是不是愿意听都一直说个不停
（ ）	4. 不知道怎样跟不健谈的顾客沟通，只能尴尬地没话找话或者沉默不语
症结诊断	导购员接待的顾客性格各异，用单一的沟通方式自然无法保证服务质量。通常而言，性格外向开朗的顾客比较健谈，更容易搭话。内向沉默的顾客让很多导购员感到头痛。其实，只要使用了合适的沟通方式，不爱聊天的顾客反而可以让导购员用更少的语言来完成销售任务。这就需要我们对顾客的性格类型和行为模式有较为充分的了解

二、十种常见的顾客性格类型及导购对策

商店通常要求导购员在接待顾客时积极主动、热情饱满、笑容灿烂。但在实践中，并不是每一位顾客都喜欢这样。有些性格好静、沉默寡言的顾客反而希望导购员不要在一旁喋喋不休，只在自己需要时及时出现就行了。为了给顾客提供更人性化的服务，每一位导购员都应该了解不同人的性格区别以及合适的接待方式。以下是十种常见的顾客性格类型及导购对策。

1. 好争论型顾客

行为特征	①对导购员的推荐总是有不同的意见 ②喜欢出题刁难导购员 ③做决定时非常谨慎，不像辩论时那么心直口快
导购对策	出示关于产品质量和获得荣誉的证明，让顾客知道产品确实优质。详细讲解产品相关知识，耐心应对顾客的诘难。说话时使用"没错，但是……"的句式来减少冲突色彩

2. 易怒型顾客

行为特征	①脾气不好或者此刻的心情不好 ②稍微有点不顺就会暴跳如雷 ③会提出预先准备好的带有挑衅意味的问题
导购对策	服务态度温和，语气和措辞充满善意，避免与之发生争执，沟通时坚持实事求是。顺从他们的一切合理要求

3. 刚愎自用型顾客

行为特征	①有主见，知道自己需要什么 ②坚信自己的意见是正确的 ③没兴趣听别人的意见
导购对策	产品展示简洁明快，不拖泥带水，避免与顾客争论对错，顺着对方的意思插入一些见解即可。可以利用对方快人快语的作风争取一次成交

4. 疑惑型顾客

行为特征	①不太相信导购员的说辞，总是心存疑虑 ②担心被人欺瞒，不肯配合 ③经过反复慎重考虑才能下决定
导购对策	强调品牌口碑与售后服务质量，让顾客亲身体验产品的好处，诚实地告知产品的缺点但更多强调产品的卖点

5. 认真型顾客

行为特征	①非常重视信息的可信度和来源 ②希望导购员极尽详细地介绍产品，对导购员出现的纰漏十分警惕 ③会仔细查验产品商标及相关证明
导购对策	主动向顾客提供翔实的产品资料，强调品牌和制造商的真实情况，让顾客确认产品的可靠性

6. 犹豫不决型顾客

行为特征	①生性敏感，处于购物环境中会感到不自在，面对导购员时不太自信 ②倾向于在非常态的价格下购买产品 ③对自己的判断总是感到没把握，迟迟做不了决定
导购对策	真诚友好地接待顾客，保持足够的耐心和热情，让他们感觉受到尊重，感觉舒适自在

7. 优柔寡断型顾客

行为特征	①很难自主做决定，唯恐考虑不周，左右为难 ②依赖导购员帮忙做决定，不肯担负决策风险 ③要求导购员必须帮自己做出正确决定
导购对策	实事求是地展示产品的优缺点和卖点，准确概括顾客的核心需求，耐心解答他们心中的疑虑，能让他们安心

8. 冲动型顾客

行为特征	①做决定的速度很快，全凭一时心情 ②做事急躁，没什么耐心，说话比较冲 ③能突然决定购买，但也很容易突然反悔
导购对策	尽可能迅速完成产品展示和价格商议，不要讲太多话，减少交谈时间，及时促成下单，以免夜长梦多

9. 沉默寡言型顾客

行为特征	①基本不想跟别人交谈，也不希望导购员跟在身边 ②看产品时不希望有人打扰，除非有问题要咨询 ③一旦决定购买，出手果断，懒得讨价还价
导购对策	不要过度热情，说话万不可啰唆。站在他们视线之外但保持随叫随到的距离。注意观察他们的购买迹象，及时跟进讲解，表达与顾客一致的看法。让他们感到轻松、自主、温暖和真诚

10. 好奇型顾客

行为特征	①喜欢到处逛，看各种自己没接触过的产品 ②不想被导购员束缚，按自己的路线行动 ③对感兴趣的东西可能会大量采购
导购对策	以热情而礼貌的态度接待，让他们自由行动，主动推荐某些新潮产品并建议顾客试用，注意观察购买迹象

导购员只要记熟了这十种顾客的接待方式，基本上就可以跟绝大多数顾客搞好关系。除此之外，还应该用心观察各种顾客的细节特征，锻炼自己的识人眼光，琢磨出一套自己的顾客招待术。

> **专家小科普**
>
> "您好，欢迎光临"是最简单的迎宾语。但就算这六字迎宾语蕴藏着深刻的销售哲理，在我十几年的销售生涯中，也都是根据顾客的性格模式来调整自己的说话速度、肢体语言、讲解方式的。如果你之前没有意识到此举的重要性，请务必随时提醒自己。
>
> 海尔优秀导购员　李俊峰

接待老顾客时，人情味要给足

课前思考

1. 老顾客和初次光临的新顾客有哪些不同？
2. 为什么导购员接待老顾客时要更加热情主动呢？

一、自我检查

你在导购工作中是否存在以下情况？如果有的话，请在（ ）里打"√"。每空1分，总分最高5分，最低0分。得分较高，说明你的职业素养还存在一些不足之处；反之，则说明你具备较为良好的工作习惯。

（ ）	1. 以为对待老顾客可以随便点
（ ）	2. 只是用套路来对待老顾客
（ ）	3. 跟老顾客打招呼时没有礼貌
（ ）	4. 拿老顾客的缺点寻开心
（ ）	5. 无节制地满足老顾客的一切要求，包括不合理要求
症结诊断	很多导购员把老顾客视为稳定的客户资源，以为不用花多少心思去维护就能赚到他们的钱。这种想法是不对的。因为，老顾客觉得自己跟我们是熟人，应该比单纯的买卖关系更进一层，应该得到更多的关怀。而且，新顾客看到你连老顾客都招待不周，就会怀疑你不是真诚对待他们

二、善待老顾客，生意更长久

我们经常说"人性化服务"，并提出种种操作细则。人性化服务的核心是人情味，最能体现导购员有没有人情味的地方，就是对老顾客的态度。

几乎所有的商家都以老顾客群体为主要营业收入来源。他们的消费能力不一定是最强的，但品牌忠诚度高，已经养成了使用我们产品的习惯。老顾客就像经过精耕细作的良田，可以带给我们丰厚的收成。但是，导购员千万不要以为老顾客放着不管也能升值。再肥沃的良田一旦撂荒，只会变得杂草丛生、颗粒无收。关系再好的老顾客一旦被冷落，也会愤然改变自己的购物习惯，被我们的竞争对手拉走。

导购员必须善待老顾客，具体要做到以下几点：

1. 拿出两倍的热情

我们要用比平时更快的速度上前迎接老顾客，绝不能因为是熟人就站着不动。迎接时应该像老友相逢一样露出灿烂的微笑。让老顾客充分感受到我们的热情。老顾客为我们贡献了那么多业绩，这些基本的尊重是必不可少的礼数。

2. 以"好久不见"开场

导购员在引导老顾客进店时，打招呼的第一句话可以是"好久不见"。老顾客一听到这句话就知道导购员还记得自己，心头会变得暖暖的。接下来的沟通氛围就会很融洽了。

3. 不要问老顾客买过的产品

我们要注意不问老顾客上次买的产品感觉怎样。很多导购员都关心这个问题，但是最好不要问。如果老顾客的使用体验很好，会主动跟你提起，展开这个话题。如果他们使用体验不好，只要导购员不问，他们就不会说什么，一旦问了就会抱怨。这样反而会弄得双方尴尬，不好继续谈下去。

4. 不主动推荐产品

这个建议看似违背导购员的天职，实际上也是经验之谈。老顾客把你当朋友，来找你不一定是来买东西的，可能只是想跟你聊聊天或者简单打个招呼。在不明确对方的来意之前，不要急于推荐新产品。应该先问明老顾客的来意再灵活应对。他们想看新产品时自然会主动提起，用不着你提醒。

5. 对所有老顾客一视同仁

有些导购员可能本身不太热衷于社交，只喜欢跟自己熟悉的顾客交流。这种做法无疑会让他们流失不少客户资源。我们应该树立一个观念：公司的老顾客就是我的老顾客。无论这位老顾客是你亲自开发的，还是你的同事或者前同事开发的，都希望得到公司全体导购员的诚挚服务。而这也是身为导购员的你应该做到的事情。

专家小科普

店铺要维持良性运转，必须在维护老顾客的同时注意开发新顾客，否则顾客将逐年减少。应以增加固定顾客，吸引消费者的认同为首要任务。同时，要知道即使商品再优良，服务顾客的诚意远比商品更能感动顾客。因此，处于销售终端的导购必须知道如何来拓展和维护自己的顾客资源。对导购而言，感恩不只是一种心理安慰，也不是对现实的逃避，更不是阿Q的精神胜利法；而顾客也不希望导购只把他看成销售业绩表上的那个数字，他更希望收到一份对他本人的真诚的感谢。

培训讲师、业绩提升专家　肖晓春

注意留心老顾客带来的新顾客

课前思考

1. 导购员应该怎样跟老顾客带来的新顾客拉近距离?
2. 我们能否只跟老顾客交谈,而把沉默的新顾客晾在一边?

一、自我检查

你在导购工作中是否存在以下情况?如果有的话,请在( )里打"√"。每空1分,总分最高5分,最低0分。得分较高,说明你的职业素养还存在一些不足之处;反之,则说明你具备较为良好的工作习惯。

( )	1. 只关心老顾客,把老顾客带来的新顾客晾在一边
( )	2. 只顾着接待新顾客,把带他们来的老顾客晾在一边
( )	3. 不知道怎样应付新顾客,结果变成了老顾客替你导购
( )	4. 对产品、服务、价格还不如老顾客熟悉,被新顾客看扁了
( )	5. 被新顾客小瞧时大发雷霆,没给老顾客留情面
症结诊断	老顾客带新顾客来,既是帮自己的亲友满足购物需求,也是在帮衬你的生意。他们希望你能热情招待自己带来的人,但同时也希望在亲友面前有面子。有经验的导购员会注意这两点:一方面要抬高老顾客,让他们显得很风光;另一方面要让新顾客感受到跟老顾客有同等的优厚待遇

二、你的新顾客属于哪种类型

每天进入门店的新顾客很多。他们在消费需求、经济能力、审美观念、教育水平和购物习惯方面都有较大区别。而且每个人进店的目的各不相同。导购员只有弄清楚这些差异，才能把每一位新顾客都接待好。我们首先应该弄清的是新顾客进店的目的。按照这个标准，导购员可以把顾客分为三种基本类型：

1. 目标顾客

目标顾客的特点是目标极为明确。他们出门前就已经锁定了要去的商店和要买的产品，行动路线和购物时间也有相应的规划。这类顾客一进门店就会直奔目标展区，拿起想要的产品就径直走到收银台。整个过程绝无拖泥带水之处，交易十分果断。目标顾客追求的是高效率购物，老顾客对于他们来说只是一个向导。所以，导购员的服务不需要太多复杂的技巧，快速走完相关手续，就能让新顾客心满意足地离开。这类新顾客出现的概率不太高，但只要一出现必有成交。

2. 意向顾客

意向顾客的特点是有购买需求但缺乏明确的购物目标。他们不知道应该购买哪一种产品，也不知道应该怎样挑选产品。这是意向顾客与目标顾客的主要区别。意向顾客来商场的主要目的是调查，了解各种产品的具体情况，找出自己最满意的产品。老顾客对于他们而言，是一个可以信赖的参谋。因此，导购员接待意向顾客时，应该耐心地展示各种产品，分析不同产品的优缺点，再和老顾客一起帮新顾客选择一个最适合的产品。意向顾客有了明确的目标时，一般就会跟我们达成交易。

3. 闲游顾客

闲游顾客既没有明确的目标，也没有明确的需求。他们只是跟着老顾客来随便逛逛的陪同人员，可能会给老顾客当参谋，但自己不一定会买东西。

不过，我们也不能完全忽略这种顾客。因为闲游顾客在销售环境中可能会心血来潮，临时决定购物。他们是商店重要的潜在顾客来源。所以，导购员在向老顾客展示产品时，不能把新顾客晾到一边，应该也顺便让他们看看。

总之，导购员在接待老顾客带来的新顾客时，先要迅速判断出他们属于哪一种类型，然后再做针对性的服务。这样才能让老顾客和新顾客都感到满意，并促使新顾客转化为新的老顾客，壮大公司的顾客群体。

> **专家小科普**
>
> 研究表明，从没有接触过的个人或公司接到新生意，要比从老顾客那里拓展生意花费更多的时间、精力和金钱。因此，选择老顾客作为企业的宣传者，通过口头推介、电话、信件等各种方法推荐企业品牌，可以发掘到更多的潜在顾客，而且成本甚低。
>
> ——培训讲师、业绩提升专家　肖晓春

第三章

顾客嘴上说不要时，更该探明其真实态度

新手导购员最怕听到顾客说不要，有经验的导购员却不会当真。少数顾客光临商店是因为别的原因，确实不打算买东西，但大多数人都是来看看有没有中意的产品。如果不仔细问清楚顾客的需要，他们可能会错过自己真正需要的东西，而导购员也损失了应有的业绩。我们必须学会多问、多听、多观察，了解顾客的真实需求，再拟定合理的对策。

介绍产品之前，先问清顾客的需要

课前思考

1. 顾客嘴上说不要的时候，是真的不想买吗？
2. 能不能直接向顾客介绍当前主推产品？

一、自我检查

你在导购工作中是否存在以下情况？如果有的话，请在（ ）里打"√"。每空1分，总分最高5分，最低0分。得分较高，说明你的职业素养还存在一些不足之处；反之，则说明你具备较为良好的工作习惯。

（ ）	1. 一上来就向顾客推销产品，也不问对方想要点什么
（ ）	2. 顾客明确表示不需要某款产品时，依然喋喋不休地继续推荐
（ ）	3. 当顾客询问价格低廉的产品时，服务热情会有所下降
（ ）	4. 给顾客推荐的产品总是不符合他们的实际需要
（ ）	5. 以为只要口才好就能忽悠顾客买下他们实际上用不着的产品
症结诊断	顾客正是因为厌烦了急功近利的导购员，才总是说不要的。他们不喜欢别人硬塞给自己根本用不着的东西。导购员的主要任务是卖产品，我们应该树立一个观念：导购的最终目标是满足顾客的实际需求。导购导购，引导购买。敬业的导购员只向顾客推销他们真正需要的东西，而不会玩投机取巧、坑蒙拐骗的花招。为此，导购员应该充分了解顾客的消费心理

二、常见的顾客消费心理

导购员千万不要以己度人，以为所有的人都会按照自己的思维方式去挑选产品。顾客的消费心理决定了其言行模式和购物需求。在不同消费心理的驱动下，顾客选择产品的标准往往大相径庭。导购员如果弄错了顾客的消费心理，就会错误地推荐人家根本不感兴趣的产品，让整个沟通过程充满尴尬。以下是10种常见的顾客消费心理：

1. 求实心理

以求实心理为指导思想的顾客是典型的实用主义者，他们看重的是产品最基本的功效。技术性能优异，结实耐用易维护，只要满足这两项需求，产品的外观、价格、品牌都不是问题。

这类顾客基本上不关心时尚产品，只挑好用称手的东西。除非时尚产品恰好满足其实用需求。导购员千万不要向他们推荐华而不实的产品。

2. 求美心理

怀有求美心理的顾客对审美要求比较高，优先关注产品的包装、造型、颜色是否符合自己的美学价值，然后再考虑产品的价格、性能、质量和售后服务。

他们坚决不买不够美的东西，价格折扣和赠品活动也改变不了这点。所以，导购员在推荐产品时应该突出"审美"这个关键词。先问清客户的喜好再推荐，并多多称赞他们的审美品位。

3. 求廉心理

求廉心理指的是以价格划算为购物的第一考虑因素。这类顾客在挑选功能大体接近的同类产品时，必定会选择价格最低的那种。如果是买同一种产品，就会挑有打折、特价、大拍卖等优惠活动的日子再来买。

他们也许经济承受能力较弱，也可能只是纯粹的节俭。无论哪种情况，购物支出最小化是其核心需求。总之，导购员在向这类顾客推荐产品时应该重点强调价格上的优势。

4. 求名心理

有的顾客购买产品的目的是为了显示自己的地位和威望，这就是求名心理。这类顾客的购买能力通常比较强，对产品的品质和售后服务质量要求极高。高档品牌产品，特别是限量款的高档品牌产品是他们追逐的对象。

导购员如果有这样的产品，可以向顾客着重强调该产品的"稀缺性"。产品的品牌知名度越高，购买机会越难得，越能吸引他们出手。

5. 方便心理

有些顾客买东西就是为了省时省力，使用越方便的产品越会受到青睐。比如，"傻瓜式操作"的智能化产品，能提高工作效率的简单小巧的多功能用品，都能满足他们寻求方便的消费心理。

导购员不宜向这类顾客推荐那些操作复杂的产品，应该帮他们挑选使用和购买都方便的产品。而且在交易时应该采取最便捷的支付方式，让他们觉得轻松。

6. 攀比心理

攀比心理是一种典型的冲动消费心理。顾客为了跟别人一比高低而购物，追求的是产品的新颖度和时尚程度。他们不太考虑产品的实用性、耐久性、技术性能以及价格。无论自己经济能力如何，这类顾客都特别舍得花钱。

导购员若是对时尚产品缺乏足够的了解，就很难说服他们买东西。所以先得熟记相关产品知识，在导购时强调买这种产品很有面子。

7. 从众心理

很多顾客并不是特别清楚自己的实际需求，经常处于跟风消费状态。市场上流行什么东西，他们就跟着买什么东西，唯恐落后于人，沦为"不识货的异类"。

当流行产品不再流行时，他们就会将其弃之如敝屣。这类顾客只是在随大流，认为周围的人都买的东西一定不会错。但抱有从众心理的人都是这样想的，难免会出现看走眼的情况。导购员在接待这类顾客时，要注意观察顾客是否真的需要这款产品。

8. 保障心理

以保障心理为指导思想的顾客，最怕的就是产品出问题。他们希望看到商家提供贴心的售后保障、详细的产品说明书以及权威资格认证凭据。最能吸引这类顾客的关键词是"免费维修""×年保修""免费退换货"。导购员可以利用这一点来促成交易。

9. 尊重心理

有些顾客最在意的是自己在购物时有没有得到应有的尊重。换言之，他们购物的主要标准不是产品本身如何，而是导购员怎样对待自己。如果导购员服务态度很差，对顾客不敬，再好的产品也会被他们断然拒绝。相反，导购员真诚为他们服务时，他们就会感觉盛情难却，容忍产品在质量、价格方面的瑕疵。

10. 猎奇心理

有些顾客喜欢追求新奇的产品。只要设计理念、技术性能、造型外观等方面有新奇之处，他们就会抢着购买。这类顾客就是喜欢寻求新的刺激，希望能买到别人买不到的东西。导购员可以在推荐产品时重点突出其新奇之处，充分满足顾客的猎奇心理。

上述消费心理反映了顾客真正的需求。总之，导购员不要急于介绍产品，应该先了解顾客的需求，找出对应的消费心理。这样才能让产品展示过程更合顾客心意，为促成交易打下良好的基础。

专家小科普

某个导购员将商品介绍得完美无缺,并且告诉顾客今天是个难得的机会,不但价格便宜还会送礼品。顾客一时受不了诱惑,买了一件实际上并不实用的商品。这种带给顾客痛苦的购物经历就像一根刺,每当顾客走进专柜买东西,这根刺就会跑出来,提醒他记住之前的教训。在这种情况下,顾客就会对导购员表现得很冷漠,不愿意回答导购员的问题。

海尔优秀导购员　李俊峰

需求调查不宜太简单

> **课前思考**
> 1. 导购员应该从哪些方面询问顾客的消费需求？
> 2. 提问过多的话，顾客会不会嫌烦？

一、自我检查

你在导购工作中是否存在以下情况？如果有的话，请在（ ）里打"√"。每空1分，总分最高5分，最低0分。得分较高，说明你的职业素养还存在一些不足之处；反之，则说明你具备较为良好的工作习惯。

（ ）	1. 不好好设计问题，只是随便问问
（ ）	2. 一口气提了好几个问题，没给顾客留下思考的时间
（ ）	3. 提问方式不礼貌，让顾客感到不悦
（ ）	4. 提问内容跟产品的关系不大，让顾客质疑你是否专业
（ ）	5. 顾客怀疑你在刺探他们的隐私
症结诊断	顾客需求调查是一门需要智商和情商同时在线的技术活。导购员应该明确，你的任务不是打探顾客的私人信息，而是了解他们想要什么样的产品、用途是什么、喜欢什么样的款式和型号、接受什么样的价位、对售后服务有什么要求之类的有用情报。提问是导购的必经环节。只有做好这一步，导购员才能有的放矢地推荐产品

二、顾客需求调查为什么要做详细一点

导购员做需求调查前不知道顾客到底想要什么。其实，就连顾客也未必清楚自己想要什么。大多数人来到商店之前，只是有一个模糊而粗略的购买意向，通常不会精确到具体品牌、产品、型号、款式。这些都是他们在"随便看看"之后才能逐渐明确下来的东西。

尽管有少数顾客喜欢事前制订详细的采购计划，你不用费力沟通直接交货即可，但这样两两相便的好事总是不多的。因此，导购员应该帮助顾客明确自己的购买意向。要做到这点，唯有细致的顾客需求调查才能实现。

假如导购员只是做了简单的调查就急于推荐产品，可能会出现以下情况：

1. 把顾客的关注点弄错

我们在卖场中不难看到这种现象：导购员非常努力地描述产品B有多么好，实际上顾客感兴趣的是产品A。如果导购员事前做了详细的需求调查，就不会出现这种低级错误了。产品介绍应该有针对性，必须围绕顾客的真实需求来展开。简单的需求调查不足以让导购员弄清顾客真正的关注点。

2. 双方缺少能深入交流的话题

在导购过程中，冷场是一件很尴尬的事情。导购员说了一大堆话却只得到少许态度敷衍的回复，感觉自己既费力又委屈。殊不知，顾客听你唠叨那么多他不想听的话，心里同样感到不舒服。假如我们做的是详细的需求调查，就给了顾客一个充分表达自己想法的机会，也能让双方轻松地找到能深入交流的话题。

需要注意的是，导购员在做需求调查的时候，绝对不可以一次性把所有的问题都抛给顾客。这会让顾客一时转不过弯来。我们要循序渐进地提问，与顾客互动往来，才能取得良好的效果。

三、阻碍我们找出顾客核心需求的常见错误

需求调查的最终目标是找出顾客各种需求中那个决定性的需求，也就是所谓的核心需求。当核心需求得到充分满足时，就算其他次要需求没被满足，顾客也不会太在意。不过，导购员在工作中容易犯一些错误，让需求调查变得有名无实，从而与顾客的核心需求失之交臂。为此，我们应该避免以下现象：

1. 向顾客提供无关紧要的信息

有的导购员在尚未调查清楚顾客的核心需求时，就会向对方提供一些无关紧要的信息。这种做法近乎渔人撒网，凭经验来碰运气。但研究表明，如果顾客得到了太多的无效信息，就会失去关注力，无法做出清醒的决策。这时候他们会更加多疑，容易拒绝你的建议。

2. 没有展示产品的核心价值

如果我们为顾客提供了价值10万元的产品，却只解决了顾客1万元的问题，易地而处，你愿意买吗？答案当然是否定的。这就是很多导购员正在犯的错误。他们工作很努力，却没有展示产品的核心价值，让顾客误以为产品只能解决部分问题，而无法解决核心问题。如此一来，他们就会觉得这款实际上能解决自己核心问题的产品不值得购买。

3. 以降价利诱，而不去调查顾客的核心需求

优秀的导购员不会随便给顾客降价，而是去发现他们的核心需求。当顾客试图讨价还价时，这些导购员总是不为所动，不轻易降价，而且从来不担心会因此得罪顾客。用降价来利诱顾客成交，只对一部分贪便宜的顾客有效。但是，当导购员能满足顾客的核心需求时，产品价值里就加入了感情价值。这个附加值足够大时，顾客是无法拒绝的。

4. 把重心放在了顾客的次要需求上

优秀的导购员的关注焦点是顾客的核心情感需求。他们不会宽泛地界定

自己产品的特点,也不会把推销的重心放在顾客的次要需求上。舍本逐末是导购员常犯的错误。细致的需求调查能给我们带来很多有用的信息,但从中分辨出哪些是核心需求,哪些是次要需求,非常考验导购员的能力。

5. 没用心倾听顾客提供的信息

如果导购员做需求调查时只想着自己接下去说什么,而没有把顾客的话听进去,这单生意十有八九要失败。顾客向你提供的信息里,有促成交易的关键。如果只是提出一系列问题,而不专心听顾客的回答,顾客会认为你没有沟通的诚意,工作态度一点都不认真。试问,他们凭什么信任你呢?

总之,导购员在做顾客需求调查时宜详细不宜简单,而且要真正把顾客提供的信息听进去,仔细甄别其核心需求与次要需求。优秀导购员的每一个问题,每一句答复,每一个举动,都是为促成交易服务的。

专家小科普

导购员按照7W1H做需求调查的操作方法其实非常简单,先提出一个很小的问题,比如是放在卧室还是客厅、40英寸还是50英寸等;顾客回答完,立刻跳转到Why(为什么);顾客回答Why(为什么)之后,就可以在"拔出萝卜的同时带出泥巴"。这也说明Why(为什么)才是需求调查最核心的环节。

海尔优秀导购员　李俊峰

三级询问法，让顾客愿意开口

课前思考

1. 顾客不愿意开口时，该怎样提问？
2. 假如顾客没有答话，只是长时间看着某款产品，该怎样调整询问方式？

一、自我检查

你在导购工作中是否存在以下情况？如果有的话，请在（ ）里打"√"。每空1分，总分最高5分，最低0分。得分较高，说明你的职业素养还存在一些不足之处；反之，则说明你具备较为良好的工作习惯。

（ ）	1. 如果顾客不回答第一个问题，你就顿时变得不知所措
（ ）	2. 如果顾客不开口，你也气得不再发问
（ ）	3. 顾客没回答问题，只是默默地打量着产品，你就只是在旁边傻站着没反应
（ ）	4. 顾客不擅长表达自己的想法，你也不知道怎样用问题引导对方
（ ）	5. 你的提问内容杂乱无章，顾客不知道该从哪里讲起
症结诊断	这些现象都是缺乏提问技巧造成的。顾客希望从你这里了解产品的全部信息，但他们通常不知道该怎样表达自己的需求，害怕不小心问错了话招人嘲笑。这就需要导购员去主动提问，通过一组问题来迅速摸清楚顾客想要什么。假如你没问到点子上，顾客也很难准确地回答，干脆就来个沉默以对，等着你提出一个他们能讲明白的问题

二、导购员应该了解哪些问题

提问的目的是获取有用的信息。导购员在提问时不应该只想着培训课上学过的销售提问模板。因为背模板是种笨办法，一旦遇到超出模板之外的提问就会抓瞎。我们必须把着眼点放在顾客本身，用心体会提问模板背后的核心知识——销售场合常用的四类问题。

1. 状态问题

导购询问的起点是了解顾客当前的状态，这就是所谓的"状态问题"。导购员通过提出状态问题可以初步了解顾客的状况。这类问题不会让你马上找到商机，只是一个铺垫。而且提问过多会让顾客感到自己的隐私被侵犯。

例句：您之前使用过这类产品吗？您使用这类产品有多长时间？

2. 核心问题

核心问题反映了顾客的核心需求，是他们迫切希望解决的潜在问题。导购员提到核心问题时，顾客会说明希望得到什么、担心遇到什么等信息。导购员可以根据顾客的回答来找出其最主要的需求。

例句：您购买这款产品是用来做什么的呢？

3. 暗示问题

暗示问题是连接顾客需求和产品功效的桥梁。顾客在讲述自己的情况时会强调生活中的某个问题很重要。这时候，导购员应该通过提问来引导顾客发现该问题涉及的利害关系，并暗示这个问题可以通过产品来解决。

例句：假如您的偏头痛时不时发作，会给工作效率带来多大的影响？

4. 解决问题

"解决问题"主要用于引出自己的解决方案。当导购员提出"解决问题"时，双方沟通的焦点转为讨论解决方案的利弊。

例句：如果我们公司的产品能帮您解决这个令人头痛的问题，您有兴趣听我详细说明一下吗？

导购员询问顾客的各种问题基本上都可以归入这四类。为了通过提问来了解顾客的情感和需求，我们可以运用三级询问法来弄清楚他们的购买动机和考虑因素。

三、循序渐进的三级询问法

三级询问法把问题分为三个层次：第一层次的问题用于询问事实，第二层次的问题用于询问情绪，第三层次的问题用于询问情况。操作要点具体如下：

1. 询问事实：寻找原因

导购员应该从与顾客相关的事实开始提问，目的是弄清顾客的现状。第一层次的问题不只是为第二层次的问题做铺垫。以下是导购员常用的第一层次问题模板：

- 请问您以前参与过这类服务项目吗？
- 请问您现在使用的是什么产品？
- 请问您使用的是哪家公司的服务？
- 请问您喜欢这类产品或服务吗？
- 您使用这款产品的频率高吗？
- 您使用过多少次这款产品？

2. 询问情绪：寻找可能促成交易的情感因素

在顾客回答了第一层次的问题后，导购员应该追问顾客对产品或服务有何看法。这就是第二层次的问题，没有一成不变的句式，可以使用"您可以再给我讲细一点吗？"或者"接下来发生了什么事呢？"来引导对方回答。第二层次的问题具有承上启下的作用，它能促使顾客跟你分享自己的生活状况，帮助导购员找到顾客的核心情感需求。我们将会听到很多意想不到的具体细节，包括可能促成交易的情感因素。

3. 询问情感：了解顾客生活的关键需求点

当顾客回答完第二层次的问题后，导购员可以通过提问第三层次的问题来探明对方更深层次的情感需求。如果顾客回答得十分详细，说明他们具有较强的购买意愿。导购员要从中找出那个决定顾客是否购买产品的关键需求点。这样就能将顾客的核心需求与我们的产品联系起来，说服顾客购买。以下是导购员常用的第三层次问题模板：

- 您现在为什么对这个产品感兴趣？
- 您现在为什么有这方面的需求？
- 在工作中，什么事情对您最重要呢？
- 您还有其他没有实现的愿望吗？
- 您为什么想把自己的办公室重新装修一遍？
- 如果有多余的资金，您打算做什么？
- 您为什么要跳槽到另一家公司？
- 这个问题对您的个人前途有什么影响吗？
- 您对现在的生活还有什么不满意的地方吗？

通过三级询问法，导购员可以迅速跟顾客拉近距离，了解他们当前的生活状况，从他们描述的各种细节中捕捉关键信息。当我们熟悉了关于顾客的事实和情感后，心里自然明白该推荐什么样的产品，为他们提供什么样的服务。

> **专家小科普**
>
> 在销售人员与顾客沟通时,如果顾客的兴致比较高,销售人员就可以趁热打铁,抓住机会多问一些连贯性很强的问题,从而使顾客顺着你的思路,回答你提出的问题。销售人员一定要学会以专家的身份提问,从而给顾客一种可以信赖的感觉。
>
> 营销专家　杨智伟

逐渐缩小交谈范围

> **课前思考**
> 1. 缩小交谈范围就是除了产品信息以外的内容都不说吗?
> 2. 缩小交谈范围会不会造成冷场?

一、自我检查

你在导购工作中是否存在以下情况？如果有的话，请在（ ）里打"√"。每空1分，总分最高5分，最低0分。得分较高，说明你的职业素养还存在一些不足之处；反之，则说明你具备较为良好的工作习惯。

( )	1. 跟顾客聊的话题太广，忘记了自己的本职
( )	2. 顾客不熟悉你说的事情，而你也没有耐心讲解
( )	3. 你不小心把话题聊死了，顾客不想在你这里买东西
( )	4. 你不知道自己说错了什么，把顾客气走了
( )	5. 由于控制不住交谈范围，顾客嫌你说话不得要领
症结诊断	这说明导购员缺乏话题掌控能力，在与顾客沟通时想到哪里就说到哪里，讨论内容没有围绕一个中心展开。尽管导购员热情主动，但说话缺乏重点，不懂得逐步缩小交谈的范围。结果就是导购员和顾客讲了很多话，但半天进入不了销售主题。到头来，你只是白费唇舌，交易效率很低。顾客也会嫌弃你不能把话说到点子上

二、控制交谈范围的沟通技巧

顾客往往都不愿意主动把自己的需求告诉导购员，因为他们害怕导购员推荐的是不好的产品，浪费自己的时间与金钱。通过三级询问法，导购员能对顾客的情况有个大概的了解。接下来，导购员要做的就是逐步缩小交谈范围，一步步引导顾客做出购买决定。为此，我们可以使用"综合式陈述法"。

综合式陈述法是美国专家科里·帕特森提出来的，具体包括五个步骤：
- 向顾客分享事实，并且提供有说服力的数据。
- 说出你的想法，让顾客了解你的意图。
- 征询顾客的观点，用巧妙的提问来了解顾客的想法。
- 做出试探表达，引导顾客提供更多的细节。
- 鼓励做出尝试，鼓励顾客继续作答。

事实是最不会引起争议的内容，双方从事实开始聊起，对话会比较顺利。导购员介绍产品就是在分享事实。而顾客提供的事实信息，也是很好的谈资。导购员可以从这两种事实信息入手，跟顾客好好聊聊他们购买产品的动机。然后再根据顾客的动机来推荐产品。

导购员发起对话的最终目的是为了推荐产品。假如导购员只是连续发问而不做推荐，顾客就会觉得自己仿佛正在被审问，因此心生不快。顾客愿意回答你的问题，就是等着你接下来给他们一个有用的专业指导意见。所以，导购员应该做到询问和推荐交叉进行，而不能只是一直让顾客单纯地回答问题。万一你第一轮推荐的产品恰好是顾客中意的东西，就可以直接进入下一个环节了。

在交谈过程中，导购员应该是对话节奏的掌控者，绝不能被顾客带跑了话题。那些喜欢滔滔不绝、说话没有重点的顾客，不能放任他们发言。导购员可以利用封闭式提问来及时转移顾客的发言方向，将其引回销售谈判上。

不过，导购员在控制对话节奏的同时，应该避免让顾客感觉自己受制于人。顾客来店里买东西，最怕的就是吃亏。所以他们会千方百计地挑产品的毛病，削弱导购员的主场之利，争取更多价格优惠。假如导购员急于促成交易而不考虑对方的感受，顾客就会觉得自己被人牵着鼻子走，很没面子。

聪明的导购员在沟通时应该给顾客更多的尊重，让他们觉得是自己在掌控局面，而你只是给了一些有用的建议。无论怎样，我们的目标都是高效沟通，争取做一单双方皆大欢喜的交易。

> **专家小科普**
>
> 你的工作是通过提问，找到顾客的需求，让他们知道"这对我有什么用"，进而提出具体的解决方案。你的问题必须遵循一定的逻辑顺序，换句话说，你应该从收集信息开始，然后逐步深入地提出问题，最终揭示出客户的购买需求和情感动机。
>
> ——美国销售专家　莎莉·列维京

多听多观察，让顾客觉得自己握有主动权

课前思考

1. 导购员应该多听少说，还是多说少听？
2. 为什么要让顾客觉得自己掌握着交易的主动权？

一、自我检查

你在导购工作中是否存在以下情况？如果有的话，请在（ ）里打"√"。每空1分，总分最高5分，最低0分。得分较高，说明你的职业素养还存在一些不足之处；反之，则说明你具备较为良好的工作习惯。

（ ）	1. 说得多，看得少，听得也少
（ ）	2. 作风过于强硬，让顾客感觉自己遭遇了强买强卖
（ ）	3. 老是用急切的语气催促顾客购买，逼着对方做决定
（ ）	4. 总是否定顾客的意见，让他们感觉你高傲自大
（ ）	5. 没有用心倾听和观察，只是装装样子
症结诊断	了解顾客的喜好确实是导购工作的一个难点。直接询问固然可以得到一部分信息，但很多顾客并不能准确地说明自己的喜好和需要。但是，顾客除了用语言表达个人的想法之外，非语言信息也体现了其潜意识的心声。导购员如果能仔细观察顾客的各种细节，就会发现很多有用的信息，发现顾客心中真正中意的产品，进行精准销售

二、顾客喜欢"自己做主"的感觉

导购员要把交易的主动权掌握在自己手中，不能被顾客牵着鼻子走。但是，顾客同样不喜欢受制于人，仿佛是在别人的胁迫下做出购买决定。优秀的导购员不仅要把东西卖出去，还要让顾客买得心甘情愿。具体的办法有千百种，但核心无非一条：让顾客觉得一切都是由自己做主。

大多数顾客都有较强的表达欲，渴望充分表达自己的主张，而不是听别人说废话。在他们眼中，能表达自我主张就等于掌握了话语权，控制了话语权就等于拿下了做事的主动权。顾客也许不如导购员那么懂产品知识和市场行情，但这并不妨碍他们想像领导一样牢牢抓住最终决定权。导购员若是只顾自说自话而不给顾客充分表达观点的机会，他们就会感觉自己做主的权力受到了挑战。

由于工作性质的缘故，导购员说话往往比顾客多。在沟通过程中，主动发言的一方比较容易掌握对话的节奏。所以，顾客在听你说话的时候会警惕自己落入你的"忽悠套路"。我们不妨反其道而行之，设法让顾客多说话，而自己以倾听和观察为主。顾客说得越多越具体，导购员就越能准确地了解他们的真实需求和购买动机。

在充分倾听顾客的想法后，导购员更容易抓住对方感兴趣的话题，引导顾客进入产品使用者的角色。顾客感觉自己始终拥有充分的选择自由，在良性互动中被导购员逐步引导到成交环节。从形式上来看，一切都是顾客"自主决策"，导购员仅仅是"提供了选择的空间"。每一步都顺理成章，皆大欢喜。

三、导购员倾听能力自我测试

请根据你的日常表现来填写倾听能力自我检查表。在以下测试题目中，如果你每次都能做到，请在"总是"一栏打"√"，大部分情况下能做到的选"经常"，少数情况下能做到的选"偶尔"，从来不做的选"从不"。

序号	测试题目	总是	经常	偶尔	从不
1	如果有顾客不同意你的意见,或者说了得罪你的话,你能否不放在心上				
2	即便顾客说的话令人乏味,你也会认真倾听				
3	对于那些语速太快、说话太慢、牢骚满腹的顾客,你是否有耐心倾听				
4	你在觉得自己知道顾客接下来要说什么的时候,会不会打断对方说话				
5	你看到提出异议的顾客沾沾自喜时,会不会忍不住针锋相对地反驳他们				
6	当你听到顾客表明购买动机后,是不是就放弃提问了,不再让顾客继续讲述自己的想法了				
7	你是否会用自己的话把顾客刚说过的内容再复述一遍				
8	当顾客说话的时候,你是否在看着他们的眼睛				
9	你能否听出顾客话里有话,而不是只理解他们说的字面意思				
10	你是否清楚顾客的哪些话会引起你的兴趣				
11	你是否清楚自己的哪些话会引起顾客的兴趣				
12	你是否懂得选择最佳时机来表达自己的看法				
13	当顾客发言的时候,你会不会精神不集中				
14	你在跟顾客交谈时,是否允许导购团队里的其他成员表达自己的意见				
15	如果顾客提到一个你不熟悉的词语或概念,你是否会去询问它的含义				
16	当你不愿意听顾客讲话时,会不会继续装作在认真听				
17	你是否带着批判或判断的态度在听顾客的发言				
18	你能否敞开心扉去接受顾客谈论对产品的不满之处或者个人经历				
19	你是否会复述你听到的内容				
20	你是否想过怎样才能达到交流的目的				

优秀的导购员总是会在上述20个方面下足功夫，让顾客感受到来自"专业人士"的敬意。顾客很容易被这种谦和友好的态度打动，把选购产品当成一件愉快的事情。如此一来，导购员就能顺理成章地完成交易，获得更多的成功。

专家小科普

销售员们往往无法忍受片刻的沉默，所以他们会用大段的话语填满这段空白。在发现客户需求阶段，很多销售员都会犯这样的错误。在谈话中你没有给客户留出空间时，客户会感觉自己处于弱势地位。其实，你应该保持一颗好奇心，耐心地等待客户把话说完。当你认为"谈话结束了"的时候，可能只不过是一个长长的停顿。

美国销售专家　莎莉·列维京

第四章
产品展示不靠忽悠，提炼卖点才叫导购

在不少顾客眼中，导购员就是唯利是图的奸商。这个刻板印象跟部分导购员缺乏职业素养和职业操守有关。他们把产品说得天花乱坠，轻易承诺做不到的事情，一心只想让顾客多掏钱，根本不管售后服务。靠忽悠顾客来卖产品。导购员大可不必讳言产品的缺点，更不能把顾客当傻子。只要展示的产品卖点符合顾客的需求，顾客就会购买。

抓准顾客的关注点，按顺序展示产品

课前思考

1. 顾客对产品的关注点有哪些？
2. 导购员应该按照怎样的顺序来展示产品？

一、自我检查

你在导购工作中是否存在以下情况？如果有的话，请在（　）里打"√"。每空1分，总分最高5分，最低0分。得分较高，说明你的职业素养还存在一些不足之处；反之，则说明你具备较为良好的工作习惯。

（　）	1. 不清楚现在市场上流行什么
（　）	2. 不清楚顾客有哪些喜好
（　）	3. 不清楚顾客买产品时最关心的是什么
（　）	4. 以为顾客购物只看价钱
（　）	5. 以为顾客购物只看品牌
症结诊断	顾客并不总是理性消费，有着复杂多样的消费心理。假如导购员在介绍产品时没有抓住顾客消费心理的需求点，是无法成功获得对方信任的。从事导购工作，最不应该的就是想当然。对不同的人使用同样的产品展示方式，会让销售过程变得无比呆板，沟通效率和交易成功率必定低下。导购员必须先弄清楚顾客最关注的是什么，然后再根据顾客的关注点进行产品展示

二、以顾客关注点为中心的FABE产品介绍法

当导购员弄清楚了顾客的关注点后，就可以介绍自己准备推荐的产品了。产品展示环节做得是否到位，决定了顾客对产品的看法。导购员的目标是让顾客充分了解产品能帮他们解决哪些问题。为此，我们可以使用FABE产品介绍法来进行产品展示。具体步骤如下：

1. F（Features）：特征

特征指的是产品的各种属性，尤其是产品能够满足顾客的哪些需要。导购员做产品展示时首先应该把产品的特征详细罗列出来，选出其具有优势的特点做成列表。这一步的关键是把产品的所有属性都介绍到位，尽可能地让顾客看到该产品有什么与众不同的特征。导购员能否做到这点，主要看平时积累的知识储备水平。

2. A（Advantages）：优势

优势指的是导购员所列的产品特征究竟能给产品使用者带来哪些好处。也就是我们的产品跟竞争对手的产品相比具有什么优势。在这个环节中，导购员要尽可能多地找出产品的优势。无论是表面上的优势还是潜在优势，越细越好，多多益善。

3. B（Benefits）：利益

利益指的是产品自身的优势能否给顾客带来实实在在的利益。导购员应该以顾客的关注点（利益）为中心，讲述产品如何满足顾客的需求。在很多时候，顾客不愿意买是因为没弄清楚自己能从该产品得到多少好处。这个误判的主要责任是导购员在产品展示环节没有介绍到位。

4. E（Evidence）：证据

证据指的是一切可以用来证明该产品的特征、优势、利益的真实性的东西，如证书、样品、产品展示说明、新闻报道、录音、视频、宣传片、宣传册等。这些证据应当具备客观性、权威性和可靠性，不能胡拼乱凑。导购员

掌握的证据越丰富，产品展示效果越好。

FABE产品介绍法的四个步骤是环环相扣、循序渐进的关系，不能颠倒次序。其最大的优点是能全面论证产品的卖点并且主动向顾客提出有力证据。这是一种很有说服力的产品展示方法，每一位导购员都应该熟练掌握。

三、应用FABE产品介绍法的注意事项

导购员在学习FABE产品介绍法时，应该注意以下几个问题：

1. 了解产品和企业相关的基本知识

FABE产品介绍法对导购员的产品知识要求很高。导购员应该了解产品的所有性能和使用方法、产品的生产工艺和制作方法、产品的发货方式与售后服务细节、生产产品的企业的发展史以及竞争对手产品的情报。这样才能做到纵向与横向对比，充分突出该产品的优点，让顾客放心购买。

2. 展示动作要规范

导购员在做展示的时候，讲解步骤一定要简明清晰，动作要连贯有力。解说语言和肢体语言以及表情都要配合到位，否则无法发挥最佳的展示效果。顾客不希望看到导购员手忙脚乱或者笨手笨脚的样子。再好的产品只要配上了糟糕的展示，都会遭到顾客的排斥。

3. 注意观察顾客的反应

FABE产品介绍法不是让导购员单方面背诵产品说明，要以顾客的关注点为中心进行展示。导购员在产品展示过程中要注意随时观察顾客的反应，通过询问和倾听等方式来了解顾客最想知道的事情。顾客最想知道的事情，往往就是FABE中的B——最能打动顾客的利益。导购员要挑顾客感兴趣的利益点来介绍，事少功多最好，不需要面面俱到。

4. 邀请顾客参与示范

在征得顾客同意的情况下，导购员可以邀请顾客参与产品示范，亲身体

验产品功能。这样做的好处是能让顾客充分感受到产品使用体验，从而对产品产生更多兴趣。这种与顾客互动的做法比导购员单方面讲解的效果更好，是FABE产品介绍法鼓励的行为。

5. 充分展示产品的亮点

导购员在产品展示过程中应该抓住每一个时机来突出产品的亮点。如果顾客没有直观地看到产品的亮点，是不会对产品感兴趣的。导购员介绍产品时要着重强调亮点，不要平均用力。

6. 找出顾客购买的最佳理由

有时候，顾客事前并没有计划要购买某种产品，只是临时起意决定购买。这个"临时起意"背后必然有某个理由作为依据。导购员在使用FABE产品介绍法时，应该主动帮顾客寻找一个决定购买的最佳理由。通常而言，把顾客最关心的利益点和产品自身的亮点结合在一起，就是顾客购买的最佳理由。

7. 注意控制产品展示时间

FABE产品介绍法的使用时间不能太长，一般以10分钟左右为佳。展示时间过长会让顾客感到疲倦，注意力容易分散。在展示过程中应该生动地展示产品功效，而不要急于推销产品。这个主次关系需要导购员牢记于心。

8. 价钱最后再谈

导购员不要在展示过程中过早提到价格问题，应该放在最后谈。因为顾客很容易对价格产生异议，提前进入讨价还价环节时，顾客的关注点就由产品能带给自己多少利益变为产品能降多少价了。这与FABE产品介绍法的宗旨背道而驰。

就实而论，哪怕到了产品展示的最后，导购员也不要急于提价钱问题。我们应该先问问顾客对刚才听到的内容是否感兴趣。如果他们对产品有兴趣，自然就会问价。我们就可顺势与之展开价格商谈。假如他们对产品不感兴趣，导购员要做的不是告知价钱，而是先询问顾客对哪些地方不满意，然后尝试解决这些问题。总之，导购员不要急于求成，应该稳扎稳打，这样才能展现你的职业素养。

> **专家小科普**
>
> 　　对你的客户而言，你的产品或服务的价值，多达80%隐含在你的演示质量上。如果你的销售演示很随便，不着边际，客户会认为你的产品或服务缺乏吸引力，不值得购买。如果你的销售演示干脆利落、结构清晰，并且一步一步进行得很有逻辑，客户会认为你的产品、服务以及你的公司也同样秩序良好，具有高效率。一个专业的销售演示可以大大增加人们对你所售产品的价值评估，同时减少价格带来的阻力。
>
> 美国销售专家　博恩·崔西

让你的产品展示生动起来

课前思考

1. 生动的产品展示会给销售带来什么样的影响?
2. 怎样把产品展示过程变得生动鲜活?

一、自我检查

你在导购工作中是否存在以下情况?如果有的话,请在(　)里打"√"。每空1分,总分最高5分,最低0分。得分较高,说明你的职业素养还存在一些不足之处;反之,则说明你具备较为良好的工作习惯。

(　)	1. 产品展示只是简单地读说明书
(　)	2. 不知道该怎样现场展示产品的功能
(　)	3. 没有准备产品展示辅助道具的习惯
(　)	4. 不会去研究产品使用体验的细节
(　)	5. 觉得名牌产品不需要很好的展示就能卖出去
症结诊断	产品展示是一个导购员和顾客互动的过程。不能只是导购员一直说,顾客一直听着。这样会让导购过程变得十分乏味,顾客的消费热情找不到出口,逐渐冷却下来,遂放弃交易。导购员应该用尽一切手段让顾客沉浸在你的产品展示当中。只有当他们享受这个过程时,才能保持高昂的状态,才愿意采纳你的建议

二、让产品展示更生动的九种办法

导购员做产品展示的时候，既要足够专业，又要通俗易懂。这个尺度不太好把握。我们应该贯彻"以专业为骨，以通俗为翼"的方针，更好地打动顾客。为了让产品展示更加生动，导购员可以使用以下九种办法：

1. 插入微小细节

在常规的产品知识内容里，插入一个非常微小的细节进行描述。这个细节越具体越好，必须是贴近人们日常生活的。有细节的产品展示比大而无当的产品展示更令人信服。

2. 适当使用专业名词

当我们在产品展示里提到一两个专业名词，并对其做出解释时，顾客会觉得我们确实是专业人士。但要注意不要滥用专业名词，那样会导致顾客听得很吃力，从而失去购买兴趣。

3. 加入数据

有数据的内容比没数据的内容看起来更有可信度。越精确的数字越能打动顾客。如果导购员掌握了产品或者行业的某些统计数据，可以跟顾客分享一下。

4. 讲解原理

这一点不少导购员都会忽略。大部分顾客是不懂产品原理的外行人。你告诉他们产品如何如何好，他们未必能充分理解你说的点。所以，导购员应该跟顾客好好讲解一下产品的原理，以便顾客真正意识到该产品的过人之处。

5. 借助权威标志或顾客认证

权威机构认证和老顾客推荐都是很有说服力的信息，可以增加产品的价值。导购员可以给顾客看看销售记录登记表，不光是自己的销售记录，而是整个卖场的销售记录。

6. 提高个人演讲技巧

导购员可以学习一下演讲家们的语言、肢体动作、展示道具、造型以及与顾客互动的技巧。这些都可以增强你在产品展示过程中的表现力和感染力，让顾客觉得你是个非常有水平的人。

7. 百问不倒的知识储备

背熟各种产品的品种类别、生产地点、生产条件、生产日期、保质期、外观造型、售后服务期限、三包内容、零配件价格、所获得的权威认证、包装尺寸、运输条件、安装要求、使用方法、具体价格等信息。

8. 使用比喻法

通过一个积极正面而通俗易懂的比喻，来解释拗口的专业名词或者复杂的产品运作原理。可以顺便根据竞品的特点来打个对应的比方，对比出本品牌的优点。

9. 举实例

导购员可以举一个有具体时间、地点、人物的产品使用案例。这个案例应该具有代表性，而且贴近顾客的现实生活环境，能让顾客产生代入感。举实例比空说道理更容易让顾客信服。

> **专家小科普**
>
> 你要用极简的风格去展示产品，让客户一目了然。当他提出疑问时，你要分辨出他的情绪状态，引导他从消极被动转变为积极主动的状态。现在的客户不愿意被人牵着鼻子走，他们喜欢体验式购物，如果你只是要求他们购买，说明你只是在"用力"销售，而没有"用心"工作。只有当你付出了恰当的耐心、热情和感情时，才能做成生意。
>
> ——美国销售专家 莎莉·列维京

不怕同类产品竞争，找出差异化卖点

课前思考

1. 同类产品的优点更多，为什么我们的产品还是能卖出去？
2. 怎样从产品中提炼差异化卖点？

一、自我检查

你在导购工作中是否存在以下情况？如果有的话，请在（ ）里打"√"。每空1分，总分最高5分，最低0分。得分较高，说明你的职业素养还存在一些不足之处；反之，则说明你具备较为良好的工作习惯。

（ ）	1. 不知道自家产品有哪些卖点
（ ）	2. 不了解自家产品的主要竞争对手是谁
（ ）	3. 不清楚自家产品和同类产品有哪些差异
（ ）	4. 对自家产品缺乏信心
（ ）	5. 不善于提炼差异化卖点
症结诊断	有些导购员非常害怕听到顾客提其他公司产品的事情，仿佛自己的产品在各方面都一无是处，完全无法跟别人竞争。这种不自信的心态是导购的大忌。我们应该清醒地看到，同类产品有某些优点，自家产品也存在一些亮点。顾客最看中的卖点未必是同类产品最突出的优点。导购员可以通过寻找差异化卖点来吸引顾客，努力证明这款产品最符合他们的要求

二、提炼差异化卖点的技巧

优秀的导购员展示的都是顾客的利益，平庸的导购员仅仅是吹嘘产品的特性。特性是指产品的某个特殊点，利益是指顾客可以从产品特性中获得哪些好处。顾客真正关心的不是产品的特性，而是自己的利益。通过跟竞品的特性进行比较，找出顾客的利益所在，我方产品的差异化卖点也就浮出水面了。导购员可以按照以下步骤来完成这个目标：

1. 锁定主要竞品

提炼差异化卖点的第一步就是锁定主要竞品。如果连谁是竞争对手都搞不清楚，就无从比较优缺点，更别说找出本品牌和竞品之间的差异了。导购员要先弄清楚顾客的预算和购买需求，然后找出顾客可选的主要品牌，并把竞争对手可能向顾客推荐的对应型号和产品找出来。大型商场里的导购员要特别注意这点，因为你的核心竞争对手跟你同处于一个商场，顾客走两步就能看到。我们必须做到知己知彼，有所准备。

2. 寻找本品牌与竞品之间的差异

接下来，导购员要仔细比较本品牌和竞品的对应型号之间的具体差异。从里到外，由大到小，越细致越好。目前市场上的产品存在严重的同质化现象，大的方面往往差不多，区别主要是小细节。导购员要找的就是这种细微的独有特点，以生动形象的方式展示给顾客。

3. 先说共性卖点，再展示差异化卖点

有一个问题需要注意，提炼差异化卖点不代表导购员要忽略共性卖点。如果你在产品展示过程中不强调共性卖点，顾客可能误以为该产品不具备大多数同类产品的卖点，反而看轻了产品的价值。导购员在展示过程中必须完整地提到共性卖点，但不要作为重点讲，应该用共性卖点来衬托差异化卖点。

4. 差异化卖点必须落在顾客的需求范围内

导购员提炼的差异化卖点，应该是在顾客的需求范围之内，而且是跟同

等价格区位的各品牌对应型号的竞品做对比。假如差异化卖点已经超出了顾客的使用需求和能接受的价格区位，产品对顾客的吸引力就不复存在了。所以，导购员应该注意避免这种失误。

总之，导购员提炼差异化卖点的意义在于，帮顾客买到最适合自己需求的产品。我们要根据顾客需求来建立一个核心选择标准。让产品的差异化卖点与这个核心选择标准相互呼应。这样既可以把我方品牌与竞争对手的品牌区别开来，也能让顾客明白自己该做什么样的选择。

专家小科普

以前的导购员只需要提供信息即可，但是如今的买家可以在互联网上找到所有的信息。所以，现在导购员的工作是诠释信息，提出问题，激发客户对产品的情感需求。很少有导购员去跟进客户对产品或服务的使用体验，而这种情感的交流正是好导购员与差导购员的区别，也是不同的导购员以及公司之间业绩相差甚远的根源所在。

美国销售专家　莎莉·列维京

提炼符合顾客核心需求的优势卖点

课前思考

1. 顾客为什么不接受导购员展示的卖点？
2. 导购员如何判断顾客对哪个卖点最感兴趣？

一、自我检查

你在导购工作中是否存在以下情况？如果有的话，请在（　）里打"√"。每空1分，总分最高5分，最低0分。得分较高，说明你的职业素养还存在一些不足之处；反之，则说明你具备较为良好的工作习惯。

（　）	1. 只顾按套路介绍卖点，却没有考虑顾客是否真正需要
（　）	2. 询问了顾客的各种需求，但搞不清对方最核心的需求是什么
（　）	3. 不懂得按照顾客的核心需求来选择合适的产品
（　）	4. 在展示产品时没有重点强调其中最符合顾客核心需求的卖点
（　）	5. 在阐述卖点的时候，没让顾客觉得你的产品比竞品有优势
症结诊断	导购员有个常见的误区是以为产品的卖点越多越好，其实未必如此。产品的卖点多意味着其适用群体更加广泛，确实更容易卖出去。但是，如果产品缺少了那一个符合顾客核心需求的卖点，就算其他卖点再多也不会得到青睐。也就是说，导购员并不需要把产品所有的卖点全部展示给顾客看，只要找出顾客最在意的那个关键卖点，就能获得销售的主动权

二、顾客购物的核心需求

顾客的购物计划必然来自某种核心需求。所有的导购员都应该牢记以下七个对顾客影响最大的核心需求：

1. 追求安全感

顾客的自我保护需求是永无止境的。无论是安全监控设备，还是金融理财产品，都是为了满足顾客对安全感的需求而产生的。以此为购物需求的顾客高度重视产品的质量、耐用性、故障率、保修条件以及对人体有无伤害等问题。

2. 追求舒适和愉快感

追求舒适和愉快感，是当代顾客普遍的消费动机。现代人的工作生活压力与日俱增，身心都感到很疲惫，希望能有效地宣泄情绪、排挤压力、愉悦精神。怀有这种购物需求的顾客会把关注点放在产品功能的娱乐性和造型款式、外包装的趣味性等方面。

3. 获得认同感

这种购物需求多见于特定品牌消费或奢侈品消费。顾客在意的不是产品本身的实用价值或者价格，而是产品品牌附带的特殊的社会意义。拥有这种产品的顾客，将获得某种特定的身份象征，在众人面前感到很有面子。

4. 促进人际关系

顾客买东西未必是自己用，也可能是为了送人，以求促进自己的人际关系。如生日礼物、纪念日礼物、聚会礼品、探病礼品等，都是用于改善人际关系的产品。这样的产品包含了顾客的情感因素，要能在不超出顾客消费能力的前提下充分表达情意。拥有这种购物需求的顾客关注的是产品能否让使用者喜欢。

5. 保持身心健康

现代人的平均寿命虽然大大延长了，但是身心健康问题也更多。不少顾客处于亚健康状态，身体和精神上有这样那样的小问题。他们为了改善自己的身心状态，会采购相应的产品。如果不能实现这个目标，再好的东西他们也不感兴趣。

6. 实现某种理想

顾客对未来生活总有某种期待，怀着一些微小的或者远大的理想。这些理想往往跟个人爱好有关，而实现这些理想需要消耗某些产品。如果顾客的购物需求是追逐理想，导购员必须设法把产品特色与"理想"挂钩。

7. 完善自我

完善自我也是一种重要的顾客购物需求。让自己变得更健壮、更美丽、更有气质、更聪明，都是一种自我完善。如果顾客的购物需求是完善自我，消费需求往往比较强烈，愿意支付更多的钱。

无论顾客怎样讲述自己选购产品的理由，都可以归为上述类型的一种。如果你过去一直不在意这些东西，就要改变一下做法，学会甄别顾客的核心购买需求。这样能让你的导购工作事半功倍。

三、提炼优势卖点

导购员在进行产品展示时，应该弄清顾客的核心需求——最根本的购物决策依据的是上述哪一种情况。明确了核心需求后，我们就能有的放矢地提炼优势卖点了。

也许我们的产品没有其他品牌的竞品那么廉价，造型也不那么美观，但只要顾客认为它能满足自己的核心需求，就愿意下单购买。不过，就目前而言，各大主流品牌的产品看似款式繁多，实则趋于同质化，很难自然形成独树一帜的优势卖点。也就是说，产品本身很难具备天然的绝对优势，关键在于导购员的解说。

顾客在选购产品时很挑剔，但在专业知识储备上比较匮乏，很容易受导购员的意见影响。只要导购员能提炼出优势卖点，让顾客觉得言之有理，他们就会买下来。

我们可以用逻辑推导的方式,把某个卖点一步一步推演成满足顾客核心需求的不二之选。还可以通过举案例、讲故事等方式,把微小的优势卖点放大为顾客心中最满意的购买理由。除此之外,导购员还可以反过来推演,假如没有这个优势卖点的话,顾客的生活将缺少什么或者会出现什么负面影响。

总之,无论产品的优势卖点具体是什么,导购员只有让顾客相信这个卖点跟他们的核心需求完全挂钩时,才能顺利地促成交易。

专家小科普

在大卖点和小卖点之间,大卖点并不一定会占有很大的优势。如果导购员没有把大卖点树立为顾客购物的核心选择标准,那么顾客就会觉得这个所谓的大卖点对自己没多大意义。如果导购员把商品的小卖点树立为顾客的核心选择标准,让小卖点成为顾客非常关注的必备功能,就有很大机会赢下订单。

———海尔优秀导购员　李俊峰

只讲优点而不提缺点，顾客信不过你

课前思考

1. 导购员直接讲产品的缺点，会不会把顾客吓跑？
2. 导购员隐瞒产品的缺点，会导致哪些不良后果？

一、自我检查

你在导购工作中是否存在以下情况？如果有的话，请在（　）里打"√"。每空1分，总分最高5分，最低0分。得分较高，说明你的职业素养还存在一些不足之处；反之，则说明你具备较为良好的工作习惯。

（　）	1. 报喜不报忧，顾客不信任你
（　）	2. 知道产品的不足，所以对销售没有信心
（　）	3. 没有告知顾客产品使用注意事项，导致其不恰当操作
（　）	4. 讲解产品的缺点时不注意方式方法
（　）	5. 拒不承认一目了然的产品缺点，睁着眼睛说瞎话
症结诊断	很多导购员害怕产品卖不出去，一味鼓吹优点而隐瞒缺点。但顾客不是傻子，也知道世界上不存在十全十美的产品，并不相信产品真像导购员说得那么完美。即便你能说服一些缺少经验的顾客下单，他们也会因为你隐瞒的产品问题再次找上门来。这时候，他们就不再是好说话的顾客，而是要求赔偿的投诉者。导购员一旦失去了顾客的信任，将无法再卖出任何东西

二、卖场实例：顾客不怕多花钱，就怕听不到实话

在一家二手车交易所，一位顾客看中了一辆绿色的旧路虎。他问导购员："我想知道这辆路虎是事故车吗？"

导购员回答："这辆车没出过事故，但它有一些缺点。"她说完便领着顾客绕车转了一圈，指出了这辆二手车上所有修过的地方（导购员出示了修理记录），还有一些没修过的小毛病，比如放音乐的CD机是坏的但没有换新的。

顾客听完后，又把旧路虎里里外外仔细研究了一遍。他说另一家二手车交易所有同一款路虎，价格更为便宜。于是双方开始讨价还价。经过一番辩论后，导购员坚决不同意降价出售，已经准备放弃这单交易。谁知道顾客的态度突然发生大转变，决定按导购员说的价格买下了这辆二手车。他当场付了定金，约定第二天再来提车付清尾款。

第二天，顾客果然如约而至，完成了剩下的交易手续，准备开车离开。导购员在送行时好奇地问："先生，我没有同意降价优惠，您为什么还愿意花更多的钱在我这里购买呢？"

顾客笑道："因为我只想要绿色的路虎，那辆便宜的不是我喜欢的颜色。最重要的是，你把这辆车的缺点都如实地告诉了我，我可以确定它真的不是事故车。我可不想等把车开回家之后才发现这些小毛病。"

点评：顾客虽然多花了钱，但降低了购买后发现产品质量比想象中更低劣的风险。这种风险也是一种成本。既然能放心地买到自己喜欢的东西，省去了不必要的售后麻烦，顾客当然愿意支付更多的钱了。

三、把产品缺点告诉顾客，他们会更相信你

顾客的购物经验越丰富，越不相信导购员的产品介绍。他们当然没有你那么熟悉产品，只是了解大多数导购员的通病——只讲优点而不提缺点。对

于顾客而言，隐瞒事实也算是一种欺骗行为。他们认为听起来太过完美的产品肯定有问题，出于防备其中有诈的心态，要么追问产品的缺点，要么干脆到别的地方选购。

所以说，如果导购员不坦白产品的不足之处，顾客就永远不会相信这个产品真能给他们带来什么用处。

很多人担心自己坦承产品的缺点后会让顾客失去兴趣。这种担心其实没多大必要。如果产品的缺点大到顾客无法接受，那么靠隐瞒缺点而得来的业绩迟早会招致投诉，给公司带来负面口碑。当导购员被迫把更多精力花在处理投诉环节时，就会减少销售的时间。新顾客看到老顾客找你的麻烦，自然会怀疑你的专业能力和人品。如果产品缺点在顾客可接受的范围内，那么双方还是可以继续谈下去的。顾客信任你的人品，就愿意在某些方面做出让步。

我们应该明白的是，顾客提出的疑问往往包含拒绝的意思。导购员应该开诚布公，让顾客知道你的产品有哪些缺点。此外，把产品缺点告知顾客的最终目的是更好地展示产品的优点。万万不可忘记只顾着展现诚实的品格，而没有引导顾客重新考虑产品对自己的益处。

> **专家小科普**
>
> 在推销的过程中，如果推销员忽略了商品的缺陷，那只会让他的推销工作更加艰难。因此，永远不要把产品的缺陷当作一个秘密。因为这是一种欺骗行为，也许客户已经知道这个缺陷，但你在介绍的时候并没有明说，对方会认为你在有意隐瞒，势必导致你的信誉丧失。所以，在客户对你提出任何问题之前，你要对每一个主要的不利点做好心理准备，将缺点当着客户的面提出，从而将其转化成优点。
>
> ——美国销售专家　汤姆·霍普金斯

给顾客充分体验产品的机会

课前思考

1. 如果顾客体验完产品又不买，该怎么办？
2. 应该怎样引导顾客体验产品的优点？

一、自我检查

你在导购工作中是否存在以下情况？如果有的话，请在（ ）里打"√"。每空1分，总分最高5分，最低0分。得分较高，说明你的职业素养还存在一些不足之处；反之，则说明你具备较为良好的工作习惯。

（ ）	1. 不让顾客试用产品
（ ）	2. 顾客试用产品时，没有帮他们看好随身物品，从而导致失窃
（ ）	3. 顾客试用完产品后，没有提醒他们带好随身物品
（ ）	4. 当顾客对试用产品不满意时，没有立即推荐另一款热销产品
（ ）	5. 如果顾客试用完没买，就不给对方好脸色，甚至出言讥讽
症结诊断	顾客只试不买可能是最让导购员失望的情形了。拿出了多个样品，甚至从仓库里翻箱倒柜找来未开封的新品，热情地招呼顾客试用，最后却只能重新装回去，导购员心里自然不是很舒服。但是，我们应该尽量在顾客试用产品的阶段把问题解决，而不要等顾客离开后再抱怨。如果能准确判断顾客的需求，就能找到他们真正会买的产品，而不必把各种款式的产品都试一遍

二、不要害怕让顾客体验产品

体验产品有助于消除顾客对产品的陌生感，延长顾客在店内的停留时间，为销售沟通提供新的话题。顾客不愿意亲自体验产品，要么是本身不喜欢该产品，要么是对导购员缺乏信任。

顾客对产品缺乏兴趣时，会把试用当成一件麻烦事。他们另一个深层顾虑是害怕体验后发现产品不合自己的心意，但又不好意思拒绝热情主动的导购员，只好违心地买下来。为了避免这种情况，有些顾客会拒绝亲自体验产品，除非真的爱不释手。

顾客的这种顾虑，说到底问题还是出在导购员身上。

所有的导购员都希望顾客能买下试用过的产品。但顾客试用产品就是为了确认适不适合自己，如果适合就会买，不适合就不会买。有的导购员觉得如果顾客试用完却不买，自己还要把产品重新装好，为了减少这种来回折腾的辛苦，他们总是找借口阻挠顾客体验产品。殊不知，此举在无形中挤走了无数潜在顾客。

优秀的导购员不会如此小气，反而希望顾客充分体验产品。因为顾客在试用体验中充分认识到了产品的好处，自己就会主动要求下单。

三、如何帮助顾客体验产品

帮助顾客体验产品的目的是让顾客对产品的性能有一个直观的感受。我们可以通过以下几个步骤来实现这个目标：

1. 选择体验的方式

体验的基本方式有五种：用眼睛看、用耳朵听、用手触摸、用鼻子闻、用舌头尝。正好对应了视觉、听觉、触觉、嗅觉、味觉。不同的产品适用不同的体验方式。比如，卖食品的导购员主要让顾客品尝食物，用的是味觉手段；卖服装的导购员为了证明自己的产品面料高档，可以让顾客用手去触摸，即使用触觉体验手段；导购员卖音箱的时候，当然是让顾客从听觉体验中获得满足。

2. 利用展示道具验证效果

导购员在做产品展示的时候，应该配备一些主要道具和辅助道具。比如，售卖烤箱的导购员可以准备一些食材和配料，现场用烤箱制作糕点，或者邀请顾客加热某种事先备好的食材，这样能让顾客亲眼见证产品的使用效果。

3. 给顾客做示范

通常而言，导购员的产品展示有一套标准的演示流程。导购员以干净利落的手法完成演示流程，会给顾客带来视觉冲击效果。为了帮助顾客完成使用体验，导购员应该给他们做一两次示范，并手把手教顾客每一个操作步骤。

4. 让顾客照着示范操作

到了这一步，我们可以让顾客亲自感受产品使用体验。在确保顾客不会受伤的情况下，导购员应该指导他们感受产品的各种细节。实际上也就是教他们正确的产品使用方法和保养方法。这对于顾客来说是一种增值服务。只要他们在体验过程中享受到了足够的乐趣，下单时就会非常痛快。

> **专家小科普**
>
> 要想验证商品的轨道是否顺滑，可以让顾客自己来回拉几次；要想验证商品的手感有多好，可以让顾客自己触摸商品的表面；要想说明商品是天然材质，可以让顾客自己闻一下气味；要想说明材料很结实，可以让顾客自己敲几下听听声音；要想验证商品的紧密程度，可以让顾客看看结合处的缝隙。
>
> ——海尔优秀导购员　李俊峰

好导购不光卖产品，还是品牌文化宣传员

课前思考

1. 导购员应该对品牌文化了解到什么程度？
2. 怎样向顾客推荐产品背后的品牌文化？

一、自我检查

你在导购工作中是否存在以下情况？如果有的话，请在（ ）里打"√"。每空1分，总分最高5分，最低0分。得分较高，说明你的职业素养还存在一些不足之处；反之，则说明你具备较为良好的工作习惯。

（ ）	1. 不熟悉主推产品的品牌文化
（ ）	2. 不清楚主推产品的主要受众是哪些人
（ ）	3. 不知道主推产品的创始人是谁
（ ）	4. 分不清正品和山寨货的区别
（ ）	5. 在展示产品时，没有顺便给顾客讲解相关品牌故事的习惯
症结诊断	在过去，导购员卖的东西比较杂，也不是很讲究品牌，所以销售技巧不太重视宣传品牌文化。现在的导购员大多在某个品牌产品的专卖店工作，产品种类繁多但都隶属于同一个品牌。因此，处于销售终端的导购员已经成为公司品牌战略最前线的执行者和宣传员。只有意识到这个区别，我们才能更好地开展工作，针对公司品牌文化的目标市场受众进行精准营销

二、优秀的导购员应该成为顾客的品牌顾问

我们在前面提到,宣传品牌是导购员的五大天职之一。导购员不只是卖产品,更是在帮助顾客过上更好的生活。对于顾客而言,只要能改善生活质量,选择什么品牌都可以。因此,导购员不能只想着卖产品,而应该充分了解顾客消费习惯中蕴含的生活追求。

每一个顾客都希望能找到可靠的品牌顾问,为自己提供专业的品牌知识。这个需求跟导购员宣传品牌的天职不谋而合。我们可以充分利用这一点,向顾客展示新产品带来的新生活方式,主动为其寻找能够解决问题的产品组合。

当顾客看到导购员为他们精打细算时,就会越来越依赖导购员的专业指导意见。他们会经常征求你的看法,根据你的建议来选购产品、定制服务。刚开始,顾客只是信任身为导购员的你,久而久之,这种信任关系就会扩大到整个公司,深深地融入品牌文化当中。导购员与无数顾客会借此形成牢固的战略合作伙伴关系,互惠互利,各取所需。

总之,我们打造品牌,既是为了给公司带来效益,也是在为顾客创造价值。导购员不要只想着卖东西赚钱,心中要有品牌战略意识,为公司的品牌战略添砖加瓦。当正面的品牌口碑传播开了,东西自然更好卖,销售业绩也更容易提升。导购员也能借此在事业上取得更好的成长,在业内拼出一片天地。

三、导购员应该具备的品牌意识

导购员身为品牌文化的传播者,要对塑造品牌的知识有一定的了解。我们应当具备的品牌意识主要包括以下四个方面:

1. 提炼品牌的核心价值

所谓提炼品牌的核心价值就是明确公司的品牌定位,具体包括如下内容:

- 确定品牌的定义与公司的价值主张。
- 提出品牌核心价值。
- 制作品牌核心价值概念文本和演示方案。
- 制作品牌核心价值构成结构图。
- 明确品牌核心价值对营销的指导意义。
- 设计品牌识别系统。

2. **确定品牌六要素**

品牌的六要素分别是属性、利益、消费价值、文化、个性、用户。我们可以通过以下途径来了解公司品牌的六要素：

- 根据品牌六要素来调查公司现有的形象识别系统。
- 了解公司现有的产品系统。
- 了解公司现有的广告传播系统。
- 了解公司现有的品牌文化建设情况。
- 了解公司现有的生产执行力情况。
- 了解公司现有的市场影响力情况。
- 了解公司现有的市场营销战略和销售终端。
- 了解品牌个性塑造的执行方案。
- 了解产品形象代言人方案。
- 调查当前的大众文化流行趋势。

3. **品牌传播**

品牌传播指的是品牌形象的宣传推广。以下是品牌传播的准备工作：

- 制定产品企划案和产品策略。
- 制定公司管理企划案和市场策略。
- 制定品牌宣传策略和媒体策略。
- 制定品牌推广方案和广告设计方案。
- 制定卖场经营策略和销售政策。

4. 品牌传播工具

品牌传播工具是品牌文化传播的载体。导购员可以选择以下品牌传播工具来向顾客宣传公司品牌：

- 品牌形象手册。
- 产品形象手册。
- 品牌形象宣传广告短片。
- 品牌文化软文。
- 品牌执行力手册。

> **专家小科普**
>
> 在今天，人们对行业知识的了解程度比以往任何时候都重要。获取行业的最新资讯，站在行业的风口，你才能提供给客户新鲜的知识，而这些是他从其他途径无法得到的。记住，今天的产品很复杂。你的客户希望知道的东西包括：与同类产品相比，有何优势？我买到的产品是最好的吗？我还有其他没有考虑到的问题吗？当我不懂时，谁会帮助我搞清楚？这么多公司都提供相同的产品，我为什么必须选择这一家？
>
> ——美国销售专家 莎莉·列维京

第五章
耐心打消对方的疑虑，顾客自然不会拒绝你

销售是一个建立相互信任关系的过程。当顾客相信导购员提供的专业意见时，才会对产品有信心，下决心购买。顾客的拒绝行为背后必定包含着某种疑虑。怀疑产品质量不好、名气不大、档次不高，怀疑导购员没说实话，怀疑自己会花冤枉钱。导购员没有打消顾客的疑虑，顾客就会产生焦躁感，拒绝跟你做生意。对此，导购员必须以最大的耐心来处理。

目标：减轻顾客的"焦躁感"

课前思考

1. 顾客在购物时为什么会产生焦躁感？
2. 如果顾客没有焦躁感，就不会拒绝导购员了吗？

一、自我检查

你在导购工作中是否存在以下情况？如果有的话，请在（　）里打"√"。每空1分，总分最高5分，最低0分。得分较高，说明你的职业素养还存在一些不足之处；反之，则说明你具备较为良好的工作习惯。

（　）	1. 手脚不够麻利，让顾客感到不耐烦
（　）	2. 由于自己用词不当，让顾客的情绪变得焦躁
（　）	3. 只顾着介绍产品，没有察觉顾客的焦躁
（　）	4. 意识到了顾客的焦躁感，但不知道该怎么疏导
（　）	5. 当顾客表现得焦躁不安时，自己也很不耐烦
症结诊断	导购员和顾客之间存在信息不对称的情况。顾客掌握的信息不如导购员多，所以在购物时比较担心自己遇到产品不能满足需求、花了冤枉钱、售后服务形同虚设等问题。导购员自以为没有问题的地方，可能恰恰会让顾客感到焦虑不安。如果不能妥善化解顾客的焦躁感，导购员很难说服他们买下主推产品。先处理顾客的情绪，再进行产品展示，是一个很重要的导购经验

二、减轻顾客内心的焦躁感

顾客对导购员信任与否，取决于心中那些无法言表的焦躁感有多少。心中的焦躁感占上风时，猜忌会充满他们的头脑，信任毫无立足之地。导购员只有消除顾客的焦躁感，才会被信任。这种焦躁感主要来源于交易过程中的不确定性。我们要做的就是减少这种不确定性。解决思路不复杂，无非是以恰当的方式把你的真实意图告诉顾客，并严格按照自己说的计划去做。也只有这样做，顾客才会放下对你的戒心。

导购员在表达自己意图的时候，应该注意以下几点：

1. 换位思考

导购员的第一步工作，就是要弄清楚顾客的心理状态。这需要导购员具备换位思考的意识。顾客说出来的话只是他们想表达的感受的一部分而已。他们心中的担忧、焦虑、兴奋或怀疑是没有直接表露的"未说之言"。导购员如果能意识到这点，主动去体会顾客的感受，就可以拉近你们之间的距离。

2. 说清议程安排

顾客在购物时感到焦虑的一个原因，就是搞不清接下来的议程。顾客想知道的事情包括：导购员要说多长时间？我们今天要做点什么？我今天要跟谁见面？你的产品和我现在使用的产品是否兼容？我会看到什么东西？双方的交谈过程是否会产生很强的压迫感？导购员应该把这些顾客在意的议程安排细节告诉他们，让顾客明白自己会得到怎样的服务。

3. 做调查

关于顾客需求调查方面的内容，我们在第三章已有详细说明，在此不再赘述。需要注意的是，导购员在进行顾客调查之前必须先征求对方的同意。如果顾客不同意，就很难继续谈下去；如果顾客同意，说明他对你的工作持开放态度。我们可以引导顾客提问，根据他们的问题来更好地展示产品的特点。

4. 缓解顾客的心理压力

顾客可能会买你的东西,也可能不会买。但他们希望自己拥有绝对的自主决策权,而不是"必须买"。顾客是想买东西的,但又讨厌别人向自己推销,仿佛是被哄着买下来的。所以,导购员应该告诉顾客,他们可以不买你的产品,只是分享一些产品知识和业内咨询。此举能让顾客卸下心理包袱,以更轻松的心态听你发言。导购员必须注意不要说两句陈词滥调:一句是"我将向您展示一种您以前从未见过的产品",另一句是"今天我不是向您推销东西的"。这两句话会让顾客感觉你做人不诚实,重新背负上心理压力。

5. 让顾客有所期待

无论销售什么产品,导购员都可以也应该向顾客清晰地展示他们能够从你这里得到什么好处。对于顾客而言,如果跟自己的切身利益无关,产品优点再多也毫无意义。他们只会期待那些确实能为自己解决问题的产品。

6. 请求顾客给予反馈

导购员永远要记住,交流应该是双向的。当你已经明确表达了自己的意图后,就该询问顾客对你的想法。顾客不爱听长篇大论,只会关注其中的某一部分内容,接收过量的信息只会让他们感到厌烦。所以,导购员应该通过反馈意见来快速找出顾客关注的这部分内容,免得沟通没有重点,白白浪费时间。

7. 假如不知道答案怎么办

从职业道德的角度来说,导购员应该对顾客知无不言、言无不尽。可是,并非每个问题都在你的"题库"范围之内。万一顾客问了一个"超纲"的问题,你却不知道答案,这时候该怎么办?如果直接说"对不起,我不知道",顾客会觉得你不够专业,而且无法为自己排忧解难,他们的焦躁感就会立即上升。

对此，我们可以采取两个策略：一个是告诉顾客，你还不能100%确认，但会从可靠的人那里找到答案，在一个不长的期限之内答复顾客；另一个是知道什么说什么，把你知道的所有对顾客有帮助的信息都告诉顾客，让他们确信你真的在全心全意地为他们服务。

在此提醒诸位导购员，顾客会有意无意地观察你发言时的表情和说话的口气，琢磨你有什么企图，是否值得信任。如果导购员以自信从容的姿态来表达自己的意图，就会让顾客的情绪趋于平静。要做到这点，导购员自己应该具备良好的心理素质和应变能力。

总之，导购员必须设法让顾客知道你是值得信赖的。在你询问需求、展示产品、提出建议的时候，每个细节都会让顾客的情绪有所波动。优秀的导购员会向顾客表明自己是一个值得信赖的人，让他们能安心地选购产品。

> **专家小科普**
>
> 当一位顾客从你这里购买产品时，他就在一定程度上放弃了付款前所拥有的选择余地和自由。如果他从你这里购买的产品不能令人满意，他就再没有那些预算，而且还得忍受自己不喜欢的产品。由于每一位顾客都有过不止一次类似的体验，因此总会对自己的购买行为有所克制。
>
> ——美国销售专家 博恩·崔西

顾客嫌弃产品不是名牌

> 课前思考
> 1. 非名牌产品就一定卖不出去吗?
> 2. 提出抱怨的顾客真的是非名牌产品不买吗?

一、自我检查

你在导购工作中是否存在以下情况？如果有的话，请在（　）里打"√"。每空1分，总分最高5分，最低0分。得分较高，说明你的职业素养还存在一些不足之处；反之，则说明你具备较为良好的工作习惯。

（　）	1. 对顾客说"可能您不经常来这里买东西"
（　）	2. 对顾客说"不会吧。这么有名的牌子，您居然不知道"
（　）	3. 对顾客说"可能您逛商场的时候没注意看"
（　）	4. 对顾客说"您没听说过的品牌多了去了"
（　）	5. 对顾客说"您最近可能没看新闻"
症结诊断	名牌产品的美誉度高，更容易让顾客接受。但并不是所有的顾客都会买名牌产品。大多数人往往会出于价格、功能、造型以及售后服务等方面的考虑购买一些非名牌产品。非名牌不买的顾客只是一部分而已。导购员要有品牌意识，但不应该轻视那些非名牌产品。我们要做的是给每一位顾客推荐符合他们实际需求的产品，而不仅仅是卖一个品牌知名度

二、非名牌产品的推销技巧

顾客很关心产品是哪家公司生产的，以及该公司的口碑如何。有的人宁肯多花点钱去购买名牌产品，也不愿看非名牌产品一眼。如果品牌知名度是顾客最在意的事情，那么当导购员挖空心思地强调一个不知名产品的价格如何低廉时，无疑会降低成交的胜算。

当顾客认为我们的产品不是名牌时，存在两种可能性：一是这款产品在业内其实很有名气，但这位顾客第一次接触这个行业，平时对相关产品的信息一无所知；二是该产品确实不是名牌，品牌竞争力较低。如果是第一种情况，导购员要注意关照顾客的自尊心，不要说任何暗示对方无知的话，耐心解释缘由即可。如果是第二种情况，导购员不能心虚气短，也不要放弃继续推荐。我们可以通过以下方法扭转局面：

1. 不争最佳，强调最合适

毫无疑问，我们的品牌在客观事实上处于劣势，无法跟名牌产品展开全面竞争。但是导购员依然要找出自家产品的实际优势，让顾客换一个角度看问题。我们无心也无力跟名牌产品争夺业内第一的宝座，但完全可以成为顾客最合适的选择，以更高的性价比取胜。导购员可以对顾客说："××产品是很不错的名牌，但是我们的产品在××方面更符合您的需求。请容我详细展示一下……"导购员只要能说服顾客相信该产品最适合自己，就能获得较高的竞争力。

2. 强调本品牌在个别领域名列前茅

名牌产品也存在优势、劣势，未必是样样拔尖的"全能冠军"。导购员可以通过细分市场定位的方式，突出自家产品在某个领域处于名列前茅的地位，是"单项冠军"。局部优势也是优势，最好是能找到某个方面的"第一"，让产品形象显得更光彩。如果局部优势恰好跟顾客的核心需求相吻合，导购员的销售就不难取胜。

3. 推荐有权威认证的产品应主动出示证书

有些产品新上市，本身很有实力但还没打出名气。如果是这种情况，导购员可以向顾客拿出能够证明品牌实力的切实证据。比如，各种资格认证、荣誉证书、品牌代言，以及当月的产品销量记录报告、产品工艺细节分析，等等。顾客看到这些资料，就会相信该产品确实颇具实力，迟早能成为著名品牌。

4. 面对品牌劣势

假如竞争对手的品牌太过强势，导购员可以设法避免在品牌知名度这个问题上纠缠不清。可以通过提问把顾客的注意力转移到产品本身的特性上，然后塑造出优势卖点，找出竞品的不足之处。总之，导购员需要向顾客论证，某些产品虽然名气大，但未必符合顾客的使用要求。

专家小科普

缺少产品或市场知识也是经理或者导购员的过错吗？有时候，我们很难确定责任究竟属于哪一个人，但是顶级的职场人士都明白，如果自己缺乏相关知识，就要不断地学习。如果经理没有告诉你足够的信息，你应该去仔细询问他。你也可以从其他渠道了解情况。别把自己变成"怨妇"，你天生就不是被用来做平均数的。

——美国销售专家　莎莉·列维京

顾客担心产品质量不够好

课前思考

1. 你经常遇到顾客对产品质量吹毛求疵的情况吗?
2. 顾客是真的对产品质量有意见吗?

一、自我检查

你在导购工作中是否存在以下情况?如果有的话,请在( )里打"√"。每空1分,总分最高5分,最低0分。得分较高,说明你的职业素养还存在一些不足之处;反之,则说明你具备较为良好的工作习惯。

( )	1. 对顾客的吹毛求疵感到不耐烦
( )	2. 故意隐瞒产品瑕疵
( )	3. 不懂得用质检合格证书及其他权威部门的证明来让顾客放心
( )	4. 为了挽留顾客而大幅度降价
( )	5. 为了挽留顾客而滥用赠品
症结诊断	我们日常消费的主要是一些快速消费品。快速消费品在设计上本就不太追求坚固耐用,再加上部分商家确有以次充好的恶习,顾客很容易对产品质量产生怀疑。通常而言,只要能打消顾客对产品质量的疑虑,这单生意就有望成交了。在很大程度上,顾客购物就是为了买个放心。导购员应该用尽各种手段来证明产品确实质量过硬,给顾客吃"定心丸"。

二、卖场实例：万一产品质量出问题了怎么办

顾客："你们的电视机质量没问题吧？"

导购员："您就放心吧。我们卖的可是知名的大品牌，在全国有很多专卖店，目前还没接到过关于产品质量的投诉。"

顾客："可是，万一你们的产品质量出问题了怎么办？"

导购员："万一出了质量问题，我们提供'三包'服务，一年包换，三年保修。"

顾客："其他商家也是这么跟我说的。你们的产品跟他们的比也没什么明显的优势啊。"

导购员："请问您之前是不是买过质量不好的产品呀？"

顾客："唉，别提了。上个月刚买的××牌电视机，没用多久就坏了，上门维修两次也没修好。"

导购员："原来如此，我明白您害怕重蹈覆辙的心情。不过，您放心，我们是知名品牌，售后服务机制健全，可以保证不会出现这种问题。"

顾客："既然这样，那就买吧。"

点评：顾客由于此前买到过质量不好的产品，所以对我们的产品质量也心存疑虑。但导购员耐心地讲解，站在顾客的角度提出问题，强调了公司的品牌信誉和售后服务保障能力，最终让顾客放心购买。

三、顾客真正担心的是什么问题

表面上看，顾客担心的是产品质量问题。实际上，顾客真正担心的是售后服务没有保障。在很多顾客眼中，质量真正过硬的产品是不需要售后维修的。但现在的产品构造越来越复杂精细，保养难度比以前高多了。如果顾客使用不当，或者产品长期处于不合适的环境中，都容易让产品出现一些故

障。假如产品没有上门维修服务，顾客会很头痛。若是上门维修没有一举解决问题，顾客不仅会埋怨维修人员，还会迁怒于导购员及其代表的公司。

　　导购员需要做的是安抚顾客的不安心理。最重要的一点不是强调自家产品和服务的优势，而是换位思考。我们要通过询问来引导顾客讲述自己使用质量较差产品的不愉快经历，根据他们描述的重点来进行安抚，最后才是论证我方的产品和服务在质量上有足够的保障（这时候可以利用经过权威认证的证书来证明质量可靠）。顾客倾吐不快后，心理压力会减轻很多，再听到导购员具体而详细的承诺，疑虑就会消除，从而做出购买决定。

专家小科普

　　导购员经常会遇到一些性格武断的买家，这些买家会武断地说产品有瑕疵，来达到砍价的目的。即使商品是完美的，他们也会找出一些缺点来作为讨价还价的筹码。导购员要积极应对这样的买家，并坚守住自己的价格底线。在纠正买家提出的产品缺陷后，导购员还要告诉买家，公司已经对整个产品进行了严格把关，品质上是有保证的。同时，还要告诉买家价格是不能变动的，说的时候可以表现得态度坚决一点。

销售拒绝处理专家　崔小西

顾客怀疑产品不够档次

> **课前思考**
> 1. 低档产品就没有销路了吗?
> 2. 如果顾客真的认为产品的档次不高,为什么还会来这里购物呢?

一、自我检查

你在导购工作中是否存在以下情况?如果有的话,请在( )里打"√"。每空1分,总分最高5分,最低0分。得分较高,说明你的职业素养还存在一些不足之处;反之,则说明你具备较为良好的工作习惯。

( )	1. 顾客嫌弃产品档次不高时,不知道怎样反驳
( )	2. 顾客嫌弃产品档次不高时,跟他们吵起来
( )	3. 没能识破顾客的真头意图是杀价,完全落入了对方的算计之中
( )	4. 对顾客说"明明没钱买好货,还挑三拣四的"
( )	5. 对顾客说"不好意思,我们这真没高档品,要不您去别家看看"
症结诊断	顾客怀疑产品不够档次,可能是因为他们具有较强的购买能力,希望采购一些高档产品。当然,另一种可能是顾客实际上要的就是低档产品,但为了砍价故意这么说。无论哪种情况,导购员都要保持冷静,不能因为产品比较普通就自惭形秽,也不能奚落顾客或打肿脸充胖子。我们要根据产品的具体特点来制定不同的应对方案,选择最佳角度来突出卖点

二、卖场实例：店长救场

在一家服装店里，有位顾客正在挑选连衣裙。她拿起一件红色的连衣裙，对着镜子比了比大小，又仔细查看裙子的纹样、针脚、面料等细节。导购员见状走近顾客，开始介绍这件连衣裙的相关情况。

顾客听完后随口说了一句："你这件裙子好像档次不太高啊？怎么看着有点像地摊货？"

导购员很不高兴地说："这件裙子才100元，很难达到您要的'高端大气上档次'的标准啊。"

顾客听了有点生气，说："我又不是非高档不买。但不能让人一看就知道是廉价货啊。"

就在这时，听到争论的店长走了过来。她让导购员先去忙别的工作，亲自跟顾客进行交谈。

店长说："您好。这件连衣裙在同等价位的衣服里做工是最好的，穿起来特别舒服。不信您摸摸看，这面料手感很好。我觉得这件衣服的颜色和纹样跟您很配，您穿起来应该会很好看。试衣间在那边，您可以试穿一下看看效果。"

顾客试穿后照了照镜子，左看右看感觉是不错。店长称赞道："您的皮肤真好，配上这一件衣服显得更美丽了。"

顾客说："那就帮我包起来吧。"

点评：导购员听到顾客怀疑连衣裙档次不高时没有控制住情绪，讽刺顾客想花小钱占大便宜。如果不是店长及时接手，把顾客的注意力转移到产品的优点上，那么这单生意就会在争吵中流失了。所以，导购员要对顾客的"难听话"习以为常，坚持按导购技巧应对，才能无往不利。

三、如何应对顾客的质疑

俗话说得好，嫌货人才是买货人。那些真的非高档产品不买的顾客，根本懒得理会低档产品，也不会在仔细查看产品后特意强调它看起来档次不够高。来找你问价格的顾客，本身就已经动心了，否则也不会浪费口舌跟你说话。

他们挑毛病只是为了争取优惠，本意还是想买。所以，听到那种话时，经验丰富的导购员根本不会生气，而是进一步说服顾客达成交易。根据不同的情况，我们可以采取两种对策：

1. 产品本身有档次时的对策

当我们的产品实际上有一定档次时，导购员应该自信满满地反驳顾客的说法。当然，不是用吵架的方式，而是以平和的语气把该产品在市场中属于什么档次等情况给顾客好好科普一番。顾客只是随口一说，未必真的很了解行情。导购员应该利用自己熟悉产品知识和行业知识的信息优势，改变顾客的既定认识。只要我们能拿出有说服力的证据，顾客也不得不相信我们的产品比想象得更有档次。

2. 产品档次确实不高时的对策

假如是这种情况，确实对导购员比较不利。在这种形势下，导购员自然不能强行吹捧自家产品的档次，被顾客戳穿之后会下不来台的。

但是，导购员可以回避产品的档次问题，巧妙地把顾客的关注点转移到别的方面，特别是对自己有利的方面。让顾客不再纠缠产品的档次问题，而是把其他需求作为优先考虑标准。通过扬长避短，导购员也有望促成交易，只是少不了要多给顾客一点优惠。

> **专家小科普**
>
> 对一些顾客，特别是一些购买能力比较强的顾客来说，他们往往会注重商品是否高端大气上档次，不上档次的产品很难让他们满意。所以，他们在购买商品的时候，会从各个方面来审视自己想要入手的东西，并会对这件商品是否上档次心存疑虑。当顾客出现这种疑问时，我们要做的就是选择合适的角度来解释商品是够档次的，顾客可以放心购买。
>
> 销售拒绝处理专家　崔小西

顾客怀疑产品是贴外国名牌的山寨货

> **课前思考**
> 1. 顾客贬低我们的品牌时，心里是怎样想的？
> 2. 面对顾客的尖锐质疑，导购员是否应该针锋相对地反驳？

一、自我检查

你在导购工作中是否存在以下情况？如果有的话，请在（　）里打"√"。每空1分，总分最高5分，最低0分。得分较高，说明你的职业素养还存在一些不足之处；反之，则说明你具备较为良好的工作习惯。

（　）	1. 矢口否认，但拿不出什么证据
（　）	2. 反问顾客"您这是什么意思"
（　）	3. 对顾客说"贴外国名牌也比国内品牌强"
（　）	4. 对顾客说"山寨货怎么了？您身上有几件正牌货"
（　）	5. 气咻咻地直接把顾客轰走
症结诊断	听到顾客怀疑自家产品是贴牌的山寨货时，很多导购员的第一反应是：这个人是不是来找碴的？于是宁可不卖东西也要与之针锋相对。实际上，绝大部分说这种话的顾客，并不是来挑衅的，只是因为听了某些风言风语而有所怀疑罢了。另一种情况是顾客的预算不够，想利用品牌问题来压价。无论哪种情况，导购员都要学会好言相待

二、如何应对"贬低"我们品牌的顾客

很多产品并非真正的外资企业或中外合资企业生产，而是钻了专利保护制度不够完善的空子，挂着外国名牌唬人的山寨货。其实，以产品质量优异著称的德国和日本都曾经有过一段单纯模仿发达国家的"山寨"阶段，后来才甩掉这个帽子，走出自己的路。随着中国市场经济体制的不断完善，制造业已经发展为"全球工厂"，山寨货的生存空间越来越小。而许多世界知名品牌的正品，在发源地已经不再有工厂生产，实际上也是"Made in China"，在中国工厂制造后运往本国贴牌，然后再发往全世界（包括中国市场）。

导购员了解了这个大背景后，就不难想出不得罪顾客又能促成交易的办法了。我们具体可以采取以下对策：

1. 有话好说，先别急着反驳

假如导购员平时学习足够下功夫，对产品知识和行业知识有着深厚的造诣，就能迅速判断出顾客是真行家，还是在凭道听途说的刻板印象冒充行家。不过，真懂行的顾客肯定能详细说出我们的产品有什么历史渊源，说不出来的人都是在瞎咋呼。但是，导购员先别急着反驳顾客，维护自家品牌的尊严，第一要务还是从打消顾客的疑虑开始。

顾客提出质疑，最终目的就是确认产品的价值。他们在用这个带有挑衅意味的问题试探导购员，希望套出更多自己不知道的情况。不信任产品的人，是听不进任何推销建议的。这种人是否信任产品，首先要看导购员的态度。因此，导购员不必跟顾客怄气，而应该先肯定顾客的质疑精神。

我们开头第一句话，可以用"先生/小姐，您对我们行业很了解啊！有些品牌确实存在这种现象……"或者"先生/小姐，市场上确实有这种情况，也难怪您会这样想……"等。第一步先用肯定句来获取顾客的好感，然后再将话锋一转，用"但是……"引出辩解之词。这样就能最大限度地降低

对话中的紧张气氛。

2. 解释时先说公司的背景，再展示产品细节

导购员在"但是……"后面应该先讲述公司的背景。如果是外资企业就声明是外资企业，如果是合资企业就说"我们公司确实是与×国××公司合资的品牌"，最好能出示相关证明。接下来必须强调因为拥有外国公司的先进技术和管理制度，所以产品质量得到了很大提升。由于中国此前相对落后，很多并不真正关注行业信息的顾客直到今天还一刀切地认为外国公司代表着先进水平。

解释完公司背景后，我们应该顺势引导顾客进入产品展示和体验环节。导购员可以用"关于这一点，您只要仔细体验一下我们的产品就能感受到。这款产品的特点是……"来过渡，顺势开始进行产品介绍。当顾客认真听完导购员的展示，离成交就不远了。

专家小科普

无论自己的产品或公司与别的产品或公司相比如何，导购员都应该对自己的产品非常自豪、非常自信。但是我们应该注意许多说法可能会将顾客"赶出去"，如"您把我们的产品与市面上的产品比较一下，您就会发现我们的是最好的。"这样的说法是邀请，甚至是鼓励潜在顾客四处去逛逛。

美国销售专家　汤姆·霍普金斯

第六章
灵活应对顾客刁难的百问不倒术

顾客的刁难是导购员最直接的压力来源。大部分从业者不能妥善应对顾客的刁难，导致业绩平平，甚至因承受不了压力而辞职。好说话的顾客，永远是少的。买卖双方避免不了会有一场博弈，然后相互妥协。顾客百般刁难就是为了让导购员心里没有底气，以便压低价格，争取更多优惠。导购员如果能妥善化解刁难，顾客就算嘴上不服气，心里也会对你产生信任，愿意花更多的钱买下你推荐的产品。

场景一：我是你们老板的朋友，给我便宜点

课前思考

1. 顾客要求你多打折扣，老板真的同意吗？
2. 如果老板指示不能随便打折，应该怎样应对顾客呢？

一、自我检查

你在导购工作中是否存在以下情况？如果有的话，请在（　）里打"√"。每空1分，总分最高5分，最低0分。得分较高，说明你的职业素养还存在一些不足之处；反之，则说明你具备较为良好的工作习惯。

（　）	1. 对顾客说"这个价格是老板定的，怎么可能随便打折"
（　）	2. 对顾客说"那您知道我们老板电话是多少吗"
（　）	3. 对顾客说"那您打电话给我们老板，看看他同不同意"
（　）	4. 对顾客说"您要是打得通我们老板的电话，我白送给您都行"
（　）	5. 一听到顾客这么说，就稀里糊涂地降价让利
症结诊断	毫无疑问，顾客是想借你老板这张牌来压价。有些老顾客确实是老板的朋友，导购员可以在事前问清楚老板是否同意给优惠价格。如果老板真的设有"友情价"，遵照执行便是。如果老板不批准，那就应该在不让老顾客丢面子的前提下委婉拒绝。还有一些人并不真是老板的朋友，只是狐假虎威地占便宜。对于这种情况，导购员要注意分辨

二、遇到自称老板熟人的顾客，更要和气生财

凡是在店里工作较久的导购员，基本上都认识老板真正的朋友，至少见过老板当众给朋友打折扣、送赠品的情况。他们大体明白哪些顾客是老板非常重视的应该给予优待的"老朋友"，哪些只是为了砍价故意说这话。这个问题更多是让来店里工作时间不长的导购员感到棘手。其实，只要我们想明白一些人情世故，对策自然就出来了。

1. 真正的老板朋友往往会提前预约

真正的老板朋友如果有什么需要就会直接先跟老板说一声，预订货物或者预约光临时间。而老板会提前给你安排好，要么亲自接待，要么让你代表他热情招呼，以免怠慢了自己的老朋友。接待过几次之后，导购员自己跟老顾客已经非常熟络了，不需要老板特别交代就知道该怎么做。而你不熟悉却又自称是老板熟人的顾客，十有八九只是跟老板有一面之缘，连你们老板的联系方式都没有。他们只是用砍价套路碰碰运气，导购员大可不必中招。

2. 遇到半生不熟的顾客，不要跟老板打电话确认

老板没有特别交代给优惠的顾客，即便是熟人，导购员也不要讲价。因为老板并不打算给特别优惠。如果有顾客以自己是老板的熟人为由要求打折，导购员就去打电话问老板，这会让老板处于尴尬的状态。如果老板在电话中否认，就会让顾客丢了面子，闹得不愉快。要是老板不想给别人留下这种印象，就会违心地给一点优惠。顾客倒是满意了，可是老板不高兴，回头会责怪导购员不懂事，给自己找麻烦。

3. 不要拆顾客的台

无论顾客是不是老板的朋友，我们都可以先顺水推舟，给他们面子，然后再话锋一转，变相地婉拒顾客的要求。导购员不能跟顾客太较真，毕竟不是做质检、审查和研究那样要求极为严谨的工作，卖出产品才是最终目的，和气生财是营销的基本精神。

总之，导购员在遇到这些情况时，既要避免不必要的让步，也不要让抱有虚荣心的顾客丢了面子，更不能给老板添麻烦。对于自己不认识的自称老顾客的人，导购员最好还是以平常心对待。

专家小科普

在讨价还价的买家中，有一类人是最难应付的，那就是老顾客。老顾客买东西讨价还价是常有的事。本来自己的利润就不高，老顾客还要砍价，答应吧，赚不了钱，不答应吧，可能会得罪老顾客，甚至会失去一个老顾客。要想在讨价还价中自己"不受伤"，又不伤着顾客，就要掌握一定的沟通技巧。

销售拒绝处理专家　崔小西

场景二：这两个都不错，你看我买哪一个

课前思考

1. 顾客为什么要让导购员帮自己挑选产品？
2. 导购员是否应该做二选一的取舍呢？

一、自我检查

你在导购工作中是否存在以下情况？如果有的话，请在（　）里打"√"。每空1分，总分最高5分，最低0分。得分较高，说明你的职业素养还存在一些不足之处；反之，则说明你具备较为良好的工作习惯。

（　）	1. 对顾客说"我感觉这个好，您买这个吧"
（　）	2. 对顾客说"我喜欢没用，您自己喜欢哪一个"
（　）	3. 对顾客说"我觉得都差不多"
（　）	4. 对顾客说"我可不敢代替您做决定"
（　）	5. 对顾客说"要不您都买了吧"
症结诊断	如果顾客抛出这个选择题，就说明他们已经决定要购买了。导购员的回答将决定这笔生意能否真正成交。顾客确实自己拿不定主意，才让你帮他选择的。这里隐藏着一个很麻烦的风险。你的建议不代表他们回去以后不会反悔。顾客购物时的心理活动有阶段性变化，让导购员帮自己做选择题恰好也是其中一个阶段。如果导购员不了解这点，就可能急于求成，错失成交机会

二、顾客购物心理活动的发展阶段

当顾客问你买哪一个产品更好时,算是释放了一个购买信号。如果我们熟悉顾客购物时的心理活动发展阶段,就会发现顾客此时还没到做最终决定的阶段。导购员若是处理不当,顾客很可能止步于此,而不会真正去买。接下来,我们先了解一下顾客心理活动的八个发展阶段:

1. 注意阶段

顾客行为特征:看向卖场这边。

注意阶段是顾客购物心理活动的第一阶段。当顾客经过卖场时会注意到广告、橱窗或者货架上的产品等能吸引目光的东西。假如他们瞟一眼就离开,说明此时还缺乏购物需求。如果转身向卖场走来,就代表顾客想碰碰运气,看看有没有想要的产品。导购员能引起顾客对产品的注意,就为销售创造了一个契机。所以,很多卖场都会让导购员穿着特制的衣服来发传单,让顾客注意到这里有促销活动。

2. 兴趣阶段

顾客行为特征:在某个产品前停下脚步。

顾客判断这里可能有自己需要的东西,于是开始观察整个卖场的布局。他们会四处浏览,这里看看那里看看,时不时触摸或翻看产品。沉默寡言型顾客喜欢一个人安静地看,没有旁人打扰。开朗健谈型顾客则可能边看产品边向导购员提一些问题。导购员应该以顾客感到舒服的方式来接待,让顾客保持搜索产品的兴趣。

3. 联想阶段

顾客行为特征:注视某个产品。

当顾客大致浏览了整个卖场后,如果没看到中意的产品就会离开,如果发现了感兴趣的产品就会停下来仔细观看。他们会联想该产品能为自己带来哪些好处,解决哪些问题。这种联想本质上是一个价值判断过程。顾客在本阶段的主要任务是判断产品有没有购买的价值。当然，这还只是一个初步判断，随时可能改变主意。

4. 需求阶段

顾客行为特征：查验和询问该产品的情况。

当顾客初步判断该产品有购买的价值时，会产生购买需求。这种需求还不是理性思考的结果，更像是一种本能冲动。因此，顾客会仔细查验产品的方方面面，让导购员给自己做一个详细的产品展示，务求了解更多关于产品的信息。导购员在本阶段的主要任务是进行生动的产品展示。

5. 比较阶段

顾客行为特征：对比其他产品。

在比较阶段，顾客会把自己初步筛选的产品和其他同类产品进行对比。对比内容包括品牌、款式、性能、规格、造型、颜色、质量以及价格。顾客通过反复比较计算出产品对自己的实际价值。这是顾客思想最困惑多变的阶段，容易受到各种信息的影响。顾客询问导购员哪一个产品更好，就是比较阶段的典型做法。大多数顾客因对产品、价格或者售后服务不太满意而止步于比较阶段。因此，导购员在本阶段需要付出更多的精力，要解答顾客的种种困惑，灵活应对顾客的异议和拒绝行为。

6. 决定阶段

顾客行为特征：跟导购员下单。

经过反复比较后，顾客结束了思想斗争，下决心购买产品。他们此时已经十分信任产品和导购员，愿意采纳导购员提出的方案。决定阶段往往少不了一番讨价还价。如果讨价还价不顺利，顾客还是有动摇的可能性。导购员在本阶段的主要任务是跟顾客协商好价格和售后服务问题，促使顾客下定决心。

7. 行动阶段

顾客行为特征：到收银台结款。

到了这一步，交易基本上已经板上钉钉了。顾客和导购员的主要任务就是走流程、办手续、结清货款、开具购物凭证，让顾客拿到自己想要的东西。导购员在这个阶段动作要干净利落，别让顾客等太久。

8. 满足阶段

顾客行为特征：提着购物袋离开。

成交的最后一个环节不是顾客付钱，而是导购员打包。导购员在找完零钱之后，要把顾客选购的东西都打包起来，让他们能很方便地提走。顾客既买到了所需之物，又享受了导购员热情、专业、体贴的服务，心中会充满消费带来的满足感。

由此可见，当顾客问我们"这两个都不错，你看我买哪一个"的时候，正是导购员最需要谨慎应对的"比较阶段"。这离"决定阶段"还差一步，离"行动阶段"还差两步。导购员不可操之过急。

三、导购员该不该帮顾客做选择

既然顾客在两个产品之间举棋不定，说明他们对两者都很喜欢。对哪一个都不想轻易放弃。处于比较阶段的顾客，对导购员的意见非常敏感。他们不喜欢听到"不好看"的说法，只是在确认哪一个"更好看"。

导购员这时候最好不要急于帮顾客下结论，建议对方买下其中一个。因为，顾客并不是自己拿主意，能被你的建议影响，也能被其他人的建议影响。如果他们按照你的建议买回家后没有得到周围人的肯定，就会把选择失误的责任推到你头上，要求退货或者换货。不要以为做出相反的选择就能逃过一劫，结果还是殊途同归。

因此，导购员应该圆滑一点，说A产品有哪些优点，B产品又有哪些优点，各自适用于什么场合。言下之意，顾客要是喜欢可以都买下来，导购员就能一举拿下两个订单了。假如顾客非要二选一，并再三要求导购员帮他们挑选出"最好的那一个"，导购员就不好再推辞了。这时候，我们可以选择价格较高的那个产品，并告知顾客这个产品虽然贵一点但档次更高。

无论你最后给顾客提供什么样的建议，一定要问清楚顾客自己的想法，让他们亲口确认最终选择的到底是哪一个。总之，顾客本人对产品的认同才是最关键的。我们并非代替顾客做决定，没有剥夺其决定权，仅仅是给他们提供了参考建议而已。

> **专家小科普**
>
> 处于比较阶段的顾客总是对自己挑选的商品产生困惑，他们迫切需要良好的建议和专家的指导。假如导购员在这个时候不能顺利地引导，顾客可能会选择回去和家人一起商量看看，扭头离开。因此，对于导购员而言，比较阶段的主要任务是让顾客在各种比较和思想斗争之后对商品产生信任感并决定购买。
>
> ——培训讲师、业绩提升专家　肖晓春

场景三：上次在你们这里买的东西根本不好用

课前思考

1. 顾客说这句话时，真的是来投诉的吗？
2. 导购员怎样在不伤和气的前提下处理好顾客的抱怨？

一、自我检查

你在导购工作中是否存在以下情况？如果有的话，请在（　）里打"√"。每空1分，总分最高5分，最低0分。得分较高，说明你的职业素养还存在一些不足之处；反之，则说明你具备较为良好的工作习惯。

（　）	1. 对顾客说"这不可能"
（　）	2. 对顾客说"那一定是您操作不当的结果"
（　）	3. 对顾客说"会不会是您没按说明书操作的缘故呢"
（　）	4. 对顾客说"东西拿来了吗？给我看看"
（　）	5. 对顾客说"你是来讹人的吧"
症结诊断	当顾客抱怨产品不好用的时候，导购员千万不能顶撞顾客。因为，顾客的抱怨通常有事实依据做基础。导购员的矢口否认会给人一种推卸责任的印象。而且会让顾客觉得自己颜面尽失，最终不欢而散。表面上看，避免了一次退换货的麻烦，但得罪一位顾客可能会给自己和公司带来负面口碑。在今天，口碑传播带来的放大效应，往往对产品销量和品牌形象有很大的影响

二、顾客真的是来提意见的吗

当顾客抱怨上次买的产品不好用时，导购员可以询问一下具体情况。也许是产品真的不好用，也许是顾客自己弄错了操作方法。需要注意的是，了解原因只是为了让我们心里有数，而不是去挑顾客的毛病。假如道理不站我们这边，导购员的态度要谦卑。假如道理站在我们这边，导购员依然要保持态度谦卑，强硬的态度只会激怒顾客，令其做出更激动的行为。这就等于把顾客推向了竞争对手那一边。

其实，所有的导购员应该冷静地想一下，顾客说这句抱怨的话真的是来跟我们抗议吗？答案当然是否定的。

虽然上次买的产品可能确有不尽如人意的地方，但顾客实际上还觉得这在可接受的范围内。若是真的满腹牢骚，他们就会带着产品过来，把产品不好的地方一个个指给你看，让你不得不同意他们退货、换货或者赔偿损失的要求。

由此可见，顾客实际上并不是在向你投诉。他们的抱怨只是随口说一下，给你敲个警钟，然后看看能不能降一点价或者送个赠品什么的。这才是顾客的最终意图。为了讨价还价，顾客总是会释放各种让导购员紧张、惶恐、心里没底气的信息。既然导购员明白了这点，就该保持稳定的心理素质，不轻易被顾客动摇。

在遇到这种场景时，导购员可以用"可能我们之间存在一些误会"来打圆场。无论是不是顾客的问题，我们都要照顾顾客的面子。如果问题确实出在我们这里，一般也不要直白地认错，只能委婉地表示遗憾。因为顾客有可能会抓住公司的失误索取更多的利益。

因此，无论谁对谁错，我们还是一笔带过为妙。然后向顾客做出承诺，说以后不会再有这样不愉快的体验，再把讨论的焦点引到产品上。导购员可以说："抱歉，让您感到不开心了。这是我的名片。我叫×××，是这家商店里的导购员先进标兵。如果您这次买的产品有什么问题，随时可以来找我。我一定负责帮您解决。请问您这次来是想看什么产品？"这样回应顾客，既不失和气，又能体现导购员的责任感。顾客心里会感到释然。

总之，导购员以诚恳而专业的服务态度去处理这种局面，才能赢得顾客的信任，为成交创造有利条件。

> **专家小科普**
>
> 顾客的要求不能被充分满足，因而无法认同你提供的产品。导购员需要明白一个道理：顾客只选择他们想要的东西，其他的东西即使是物美价廉，如果他们用不着，那对他们就没有实际意义。导购员要想真正识别出顾客的意图，就必须先站在顾客的立场上，了解顾客的想法和需要，找出问题的突破口，才能对症下药，实现自己的销售目标。导购员要关注顾客的需要，而不是自己的需要。
>
> 销售拒绝处理专家　崔小西

场景四：在店里看着好看的衣服，买回家就不好看了

课前思考

1. 顾客的感觉真的只是一种错觉吗？
2. 怎样跟顾客解释相关原因呢？

一、自我检查

你在导购工作中是否存在以下情况？如果有的话，请在（　）里打"√"。每空1分，总分最高5分，最低0分。得分较高，说明你的职业素养还存在一些不足之处；反之，则说明你具备较为良好的工作习惯。

（　）	1. 对顾客说"那一定是您看错了"
（　）	2. 对顾客说"不会吧，您再看一看，哪里不好看了"
（　）	3. 对顾客说"可能是您家里光线不好吧"
（　）	4. 对顾客说"可能是您家里的镜子质量不好吧"
（　）	5. 不知道怎么说服顾客，于是只好同意退换货
症结诊断	很多人买衣服后会产生这种主观感受。其中一部分顾客会特别在意此事，在购物时会直接对导购员抱怨。事实上，顾客的感觉确实有科学依据，只不过大多数人不明就里罢了。导购员若是直接向顾客解释科学道理，说不定顾客会觉得你在找借口，而且无助于销售。导购员一方面要充分掌握这种专业知识，另一方面要设法让顾客放弃"觉得自己不好看"的自我评价

二、讲科学道理不如多赞美顾客

顾客回到家里再照镜子，是不可能跟在商店时效果一样了。因为商店里的镜子不是普通的镜子，而是特制的。清晰度更高，也能用光学原理让顾客的身材显得更加苗条修长或者更加壮硕。而普通镜子的工艺没那么复杂，更容易凸显顾客的不足之处。

此外，商店里的光线比家里的光线更亮。特别是采光不好的屋子，照镜子时的感觉会更糟。这对顾客购物时的视觉感受也有很大的影响。而且导购员的服务总是以赞美为基调，出于职业要求，他们必然尽可能地说顾客的好话，极力回避其缺点。而顾客把衣服买回家给周围的人看时，未必能听到肯定意见，说不定还会被取笑。这也会让顾客怀疑自己是不是做了一个错误的选择。

科学道理归科学道理，解释起来也不算很复杂，但效果未必好。要知道，好不好看是一种主观感受，取决于人们的价值判断。所以，导购员解不解释科学原理并不重要，那不是顾客最关注的东西。就算我们解释得头头是道，依然无法解决顾客觉得衣服穿着没预想得那么好看的失落感。消除顾客购物后的失落感，才是我们的主要任务。与其说顾客想知道为什么衣服在家里穿就不好看的科学道理，不如说他们希望听到别人给自己一个重拾自信的理由。说白了，顾客就想听到赞美。

导购员可以在简单讲解镜子和光线造成的视角效果差异后，找个新的角度去赞美顾客。绞尽脑汁地论证这件衣服为什么跟顾客的特点相匹配，并且教顾客几招跟服装风格配套的打扮技巧，把自己装扮得更加美丽大方。这样既能帮顾客重新树立自信心，又能充分体现产品的潜在优点。既然顾客是愁眉苦脸地进来，导购员就要负责让对方心情愉悦地离开。

专家小科普

很多服装店的灯都是专业设计的，显得非常柔和，能让皮肤和衣服看上去增加一层梦幻感。顾客在店里试穿衣服的时候，店里的灯光、镜子的角度、导购员的赞美，都起到了让顾客更自信，让衣服更漂亮的效果。而回到家时，家里的灯光、镜子的角度发生了改变，同样的衣服穿在同一个人身上，恐怕展现出来的效果也是不一样的。最漂亮的衣服永远都是摆在橱窗里的衣服。

连锁零售门店培训专家　郜杰

场景五：顾客觉得不错，但顾客的同伴觉得不好

课前思考

1. 顾客为什么很容易受同伴的意见影响？
2. 导购员应该怎样在不伤和气的前提下说服顾客相信自己的选择？

一、自我检查

你在导购工作中是否存在以下情况？如果有的话，请在（　）里打"√"。每空1分，总分最高5分，最低0分。得分较高，说明你的职业素养还存在一些不足之处；反之，则说明你具备较为良好的工作习惯。

（　）	1. 对顾客的同伴说"不会吧？这明明挺好的"
（　）	2. 对顾客的同伴说"又不是你买，废什么话"
（　）	3. 对顾客说"这可是目前流行的最新产品"
（　）	4. 对顾客说"您别听别人说，先看看自己喜不喜欢吧"
（　）	5. 对顾客说"我们的产品还是挺有特色的，您不会看不出来吧"
症结诊断	导购员并不总是处于一对一的工作状态，会经常遇到一对多的情况。顾客的同伴有时候也是来买东西的，有时候只是单纯陪着逛。无论哪种情况，顾客都会很重视同伴的意见。即便最终做决定的是顾客本人，他们也不会当场驳同伴的面子。导购员应该理解这种人情世故，通过说服顾客的同伴来改变顾客的态度，让他们高高兴兴地来，心满意足地走

二、卖场实例：顾客的同伴成为销售阻力

顾客看中了某件新款休闲装，便问同伴看起来怎么样。

同伴："我觉得这件不怎么好看，还是不要买了。走吧，再到别处去看看。"

站在一旁的导购员看到顾客面露难色，于是说："您可以先试穿一下看看，如果觉得不好，我再帮您找别的款式。试衣间在这边……"

导购员带着顾客去试衣间，顾客的同伴在外面等。导购员趁机问顾客："我觉得这件衣服跟您挺配的，不知道您朋友为什么会觉得不好看呢？"

顾客："唉，我也不知道啊。"

导购员："这样吧，您先试着，我再给您找找有没有其他的好款式。"

导购员出来后走向顾客的同伴，问道："您有没有看中的衣服，我可以帮您拿。"

同伴："不用，我是来陪她逛商场的。"

导购员："您肯定比我熟悉她的情况。您认为她适合穿什么风格的衣服呢？"

同伴："我觉得她适合穿……"

顾客从试衣间出来照镜子时，导购员拿了几款顾客同伴认为好的款式。顾客最终买了一件同伴认为好的，以及自己最开始看中的衣服。

点评：顾客喜欢的风格未必能得到同伴的认可，但同伴喜欢的东西顾客本人未必喜欢。两人碍于朋友情面，不会露骨地反驳对方。导购员以使用产品为由，把顾客和她的同伴分开来，然后问清楚了各自的真实想法。在此基础上，导购员给顾客及其同伴提供了更多的选择，照顾了两者的颜面，反而让顾客多买了一件衣服。

三、需要注意的问题

当顾客的同伴提出反对意见时，导购员不要与之发生争执，而应该仔细观察。两个人结伴而来，往往有一个是顾客，另一个是陪同者。我们应该第一时间分辨出他们各自的角色。顾客本人是拥有一票否决权的决策者。如果顾客本身比较强势，导购员就不需要太顾及顾客同伴的意见。不过，我们还是应该在跟顾客沟通的同时跟其同伴保持一定的眼神交流，以表示尊重之意。假如顾客本人比较弱势，陪同者的意见拥有决定性影响，导购员就要重点说服陪同者，并且要注意协调顾客跟陪同者之间的意见分歧。总之，优秀的导购员应该让顾客和陪同者都满意，才称得上是专业级服务水平。

> **专家小科普**
>
> 在我的培训过程中，很多学员特别恐惧门店销售中一对多的情况，即一个店员同时接待多名顾客，这些顾客可能是同事、朋友或亲人。此时确实会加大销售难度，经常出现顾客满意但陪伴者的一句话就让销售终止的现象，这确实令人惋惜。不过我认为，陪伴者既可以成为导购员的敌人，也可以成为导购员的朋友，关键看导购员如何借用陪伴者的力量。
>
> 零售店导购专家　王建四

第七章

别让价格异议阻碍每一笔生意

价格异议是顾客最主要的拒绝理由。他们可能对产品的方方面面都很满意,唯一不喜欢的就是它的价格。价格谈不拢,一切都成空。顾客要杀价,导购员要提价,双方在虚虚实实的辩论中讨价还价。导购员既要尽可能地让顾客多掏钱,又要通过适当的让利将其转化为忠实顾客。这非常考验导购员的应变能力、计算能力以及说话的分寸感。

顾客说××品牌的竞品更便宜时，心里在想什么

课前思考

1. 竞争对手的产品优惠真的比我们多，还是顾客在夸大其词？
2. 怎样在不损伤顾客面子的同时维护我方产品的形象？

一、自我检查

你在导购工作中是否存在以下情况？如果有的话，请在（　）里打"√"。每空1分，总分最高5分，最低0分。得分较高，说明你的职业素养还存在一些不足之处；反之，则说明你具备较为良好的工作习惯。

（　）	1. 对顾客说"不可能，他们的价格跟我们的一样"
（　）	2. 对顾客说"我们的东西档次更高，当然要贵一点了"
（　）	3. 对顾客说"就差几十块钱，您何必那么小气呢"
（　）	4. 对顾客说"您不能只看价格啊，他们的材质和做工不如我们好"
（　）	5. 对顾客说"我们一直就是这个价格，要不您去买××品牌算了"
症结诊断	真正会一丝不苟地开列各种品牌价格对比的理智型顾客，永远只是少数。绝大多数顾客说其他品牌的产品比我们的产品更便宜，更多只是一个心理战术（当然，有的竞品确实更便宜）。导购员不应该被顾客的虚晃一枪给吓住，完全被对方牵着鼻子走。在维护我方产品形象的同时，不要说其他品牌的坏话，也不要直接反驳顾客，应该以柔克刚

二、某品牌竞品虽便宜，但我们的产品另有优势

听到顾客这种话时，导购员一不能生气，要保持良好的涵养，二不能随便把顾客推给竞争对手。应该争取的销售机会，绝不能就此放过。我们要注意不能在顾客面前说竞品的不是。顾客不买你的产品，显然是不够信任。如果你再说他们寻找的竞品的坏话，就会给人留下更糟的印象。导购员应该以实事求是的态度，帮顾客分析产品的价值。我们可以通过以下方法来证明本品牌值得多花点钱买下来。

1. 用数据证明产品物超所值

顾客并不知道产品价格是由哪些价值构成的，只是看一个最终数字。导购员可以告诉顾客，看起来比较贵的产品实际上包含了"产品采购费+安装费+维护费+使用费"等。而便宜的产品只有第一项费用，其他费用都没有算进去，顾客在使用产品时需要另算。导购员应该拿出明确的价格数据来证明自己推荐的产品是物超所值的。

2. 弱化价格因素，强调使用体验

如果价格方面的劣势太明显，导购员就不宜在这个问题上过多纠缠。更好的做法是淡化价格因素，向顾客强调多花钱可以享受到更好的产品使用体验。导购员可以跟顾客分析，在产品使用寿命到期之前，每天平均下来只是多花了不足一元钱就能得到更好的效果，而不用忍受糟糕的使用体验。所以，买贵一点的产品从长远来看还是很划算的。

3. 强调产品独有功能的不可替代性

导购员还可以重新讲解一下产品的优势卖点带给顾客的实际利益。如果产品具有其他竞品所缺乏的独有功能，导购员就应该极力突出这一点，强调其不可替代性。我们可以帮顾客分析，如果没有该产品的独特功能，会给顾客的生活带来什么样的不愉快感受。当顾客意识到这一点时，就不会觉得竞品便宜几百元是多大的优势了。毕竟，产品不可替代性才是难以撼动的关键

优势，其他优势都是次要的。

4. 分析产品零件的价值

品牌产品的美誉度是从各个细节上积累起来的。光看外表，不同品牌产品之间似乎旗鼓相当，但拆开来看里面的零部件，美誉度越高的产品在这些看不到的地方下的功夫越多。导购员在产品展示过程中把一个样品拆开，给顾客看看产品内部的零件制作工艺。通过对比竞品，顾客就会明白什么叫"一分价钱一分货"，觉得多花一点钱是值得的。

> **专家小科普**
>
> 如果你知道顾客正在考虑其他公司，那你就可以有针对性地做出分析，并根据你在需求鉴定阶段了解到的客户需求信息，重点强调你的产品是他们的最佳选择。如果顾客告诉导购员他正考虑其他的产品时，导购员能做出恰当的反应，那顾客往往就会被导购员的职业道德和自信吸引，于是就会从他们那里购买，而不是不买。
>
> 　　　　　　　　　　　　　　美国销售专家　汤姆·霍普金斯

快速判断顾客的预算，合理报价

课前思考

1. 顾客说自己预算不多一定是托词吗？
2. 如果顾客预算确实不多，导购员就该马上放弃交易吗？

一、自我检查

你在导购工作中是否存在以下情况？如果有的话，请在（ ）里打"√"。每空1分，总分最高5分，最低0分。得分较高，说明你的职业素养还存在一些不足之处；反之，则说明你具备较为良好的工作习惯。

（ ）	1. 对顾客说"您要是买不起，我就给您推荐个便宜点的"
（ ）	2. 对顾客说"您带了多少钱"
（ ）	3. 对顾客说"先生，请问您的预算大概是多少"
（ ）	4. 对顾客说"您想要好东西，就得做好多付钱的准备"
（ ）	5. 对顾客说"您想看什么价位的产品"
症结诊断	顾客的消费能力因人而异，来者皆是客，导购员应该一视同仁地接待。消费能力强的顾客能给你带来大订单，让你拿到更多提成。但按照"二八定律"，这样的顾客只是少数，大多数人买的都是价位适中的产品。导购员不能放弃大单，也不能忽视积少成多的小单。我们应该帮每一位顾客找到自己心仪且不超出消费能力的产品，这是导购的天职

二、合理报价，让顾客有考虑的空间

大型品牌连锁店通常施行明码标价的策略，不会给顾客太多讨价还价的余地，但会通过赠品或者增值服务来给顾客优惠。而有些商店的政策是"自由开价、随意还价"，比较考验导购员的报价能力。我们在这里主要讨论后一种情况。

报价是个极难把握分寸的工作。如果报得太高，会超出顾客的预期，导致他们放弃购买。如果报得太低，顾客是满意了，但导购员没有多少让利的空间，在讨价还价后只能以很低的价格成交，公司的利益也会受到损失。

为了让报价更为合理，导购员可以采用以下策略：

1. 先明确购物标准，再进行讨价还价

一上来就跟顾客讨价还价，是最愚蠢的做法。顾客连产品有什么优缺点都不清楚，导购员无论报什么价格，他们都会嫌贵。导购员应该先询问顾客的需求，做好产品展示，让顾客充分了解产品的优势卖点，跟其他竞品相比能给自己带来什么好处。在此过程中，导购员先要摸清顾客的消费心理，明确其购物标准，不要马上进入讨价还价环节。否则只会白费口舌，劳而无功。

2. 围绕底价来设置上限和下限

底价指的是导购员推荐的产品的最合理的成交价格，而不是很多人以为的进货价格。导购员的报价至少应该高于底价的15%以上，但不得超过底价的35%。报价至少高出15%是为了留足让利的空间。如果报价低于这个比例，就算你已经退到了底线，顾客依然觉得你让利不够多。当报价超过底价的35%时，导购员让利空间很大，但顾客看到你降价幅度那么大，会怀疑你赚了暴利，从而觉得价格水分太大，产品不值得信任。

3. 报价必须考虑产品的透明度

电子设备等产品的透明度很高，可以在网上查到一个比较常见的参考价格。明码实价的品牌产品通常也有较高的透明度，讨价还价的余地不大，报

价的基准线很明确。像普通的非名牌服装的价格透明度就比较低，报价弹性很大。如果是透明度高的产品，导购员的报价应该跟参考价格大体一致。如果是透明度低的产品，导购员可以灵活报价。

4. 卖产品组合时灵活让利

有时候，顾客会同时购买好几种不同类型的产品，有的价格透明度高，有的价格透明度低。对于那些价格透明度高的产品，导购员的报价可以是底价，也可以是进货价，甚至在必要时可以接受赔本价（比进货价还低）。对于那些价格透明度低的产品，导购员的报价可以高于底价。在这种产品组合中，导购员主要是靠低透明度产品来赚取利润，高透明度产品则用来让利。顾客不确定低透明度产品的底价是多少，但他们看到高透明度产品让利幅度较大，就会觉得这笔买卖很划算。

5. 报价时要注意语言修饰

导购员在报价时要特别注意语言修饰，最好能直接向顾客表示已经给了多少优惠，让顾客在心里有个对比。比如，直接说某款产品的优惠价是n元，不如说该产品原价是n+200元，现在做特价活动，优惠价是n元。虽然优惠价是一样的，但后一种说法让顾客知道"原价"和"优惠价"的具体差值，他们心理上会感觉更加划算。

6. 能拆开卖的产品，报价化整为零

假如产品整体价格高昂却又能拆开来卖，导购员就可以把整体报价拆分成局部报价，把让顾客望而生畏的大数字分解成小数字。由于整件产品的原价很高，拆开来卖的单件产品的价格在对比之下就显得下降了很多。顾客会觉得买一点"轻奢品"也很划算。

7. 报价带上零头

导购员在报价时应该采用有零有整的精确数字，而不要报整数。精确的数字会让顾客感觉你报的价格是真实的，更有"底价"的样子，讨价还价的余地不那么大。粗略的整数则让顾客认为不够真实，讨价还价的余地

还很大。

8. 报价时帮顾客计算综合成本

顾客在使用产品时还会涉及其他的费用（如电费、水费、维修费等），这些都是使用产品的综合成本。有的产品价格较高，但在使用寿命到期前的综合成本可能比廉价产品还低一些。导购员在报价时可以利用这一点，帮顾客算清楚买这款性能优异的产品可以在其他方面省多少钱。当顾客意识到该产品的综合成本更为划算时，就会相信这的确是"一分价钱一分货"的优质必备产品。

9. 报价时提防拦腰砍价法

拦腰砍价法指的是顾客按导购员报价的一半开始还价。由于生活中很多产品的让利空间经得起拦腰砍价，于是不少导购员会大幅度让价，最终以十分便宜的价格成交。我们在前面说过，不提倡这种报价超出底价的35%以上的做法。为了提防顾客采用拦腰砍价法，我们报价时尽量不要给顾客留有太多还价的空间。在报价后暗示这个价格已经非常合理，就算顾客继续还价也不会让步。

最后，导购员在使用上述报价方法之前，最好是尽可能地提前摸清顾客的心理价位。这样才能更好地推荐价位合适的产品，避免因产品价位超出顾客承受能力而造成的尴尬，从源头上减少报价过高或过低的风险。

专家小科普

要想做好讨价还价工作，让顾客感到满意，导购员的报价一定要合理。首先，不能报得太高，超出了顾客的预期范围会把顾客吓跑；其次，也不能报得太低，以免顾客还价时没有下降的空间，即使最后以很低的价格成交了，公司的利益也会受到损失。

海尔优秀导购员　李俊峰

公司规定不让价，但顾客坚持讨价还价，怎么办

课前思考

1. 导购员直接说"公司规定不能让价"，顾客就会听吗？
2. 导购员能否在拒绝让价的同时赢得顾客的好感？

一、自我检查

你在导购工作中是否存在以下情况？如果有的话，请在（　）里打"√"。每空1分，总分最高5分，最低0分。得分较高，说明你的职业素养还存在一些不足之处；反之，则说明你具备较为良好的工作习惯。

（　）	1. 只是一味拒绝，也不去寻找说服顾客的办法
（　）	2. 被顾客弄得没办法，只好去请示领导该怎么办
（　）	3. 不知道怎么应付顾客，总是找其他同事来帮忙
（　）	4. 对顾客说"打完折也不贵啊，您就买吧"
（　）	5. 对顾客说"您买得再多都不能打折，这是公司的规定"
症结诊断	任何一位从业资历较深的导购员都遇到过为了砍价不惜软磨硬泡的顾客。通常而言，导购员比顾客掌握更多的产品信息，在讨价还价中具有一定的优势。当顾客坚持讨价还价时，导购员也不要轻易让步。除了极少数"砍价高手"外，顾客通常不会真把售价砍到成本价。导购可以使用各种技巧减少让利，通过有条件的妥协来争取更高的收益

二、让顾客不生气的讨价还价技巧

有些顾客性格比较急躁，砍价时死缠烂打又出言不逊。遇到这种情况时，导购员不能着急，必须控制好情绪，不可针锋相对。跟顾客辩论只能爽快一时，失去成交机会就得不偿失了。有时候，顾客其实也能接受不打折，但导购员说话太难听，才临时决定胡搅蛮缠，出一口恶气。我们完全可以避免这种不必要的冲突。只要服务态度好，顾客没争取到打折也有可能购买。所以，导购员不该放弃任何成交的可能性。为此，我们可以采用以下讨价还价的策略：

1. 逐次递减让步法

导购员一开始以较大的让价来表示诚意，但到了第二次，让步的幅度比第一次减小很多，让顾客知道你有坚定的立场。在第二次让步时，无论顾客怎么提要求，导购员都不能轻易松口。假如顾客执意要第三次让步，导购员可以再做一个微小的让步。由于让步幅度急剧减小，顾客会意识到这个价格已经接近底线，于是决定成交。此法的要点是每次让步幅度都比前一次大大减小。

2. 搬救兵法

所谓搬救兵法，就是导购员常说的"我帮您请示一下领导"。顾客通常认为，导购员本人做出的让步是轻松的，可以再得寸进尺一点，但需要领导批准的让步非常不易。搬救兵法不能滥用。导购员使用了第一次后，顾客往往会让导购员"再去问问领导"。导购员不能频繁请示领导，那样就失去搬救兵法的意义了，应该勉强表示"领导已经尽最大努力了，顶多我再帮您问问"。注意，我们找的"救兵"级别越高，让步幅度就要越小。

3. 让步时也要求顾客让步

讨价还价就是相互妥协的过程。导购员在让步的过程中，应该同时要求顾客在某些方面做出让步。比如，减少上门服务，免掉赠品、赠券，等等。

顾客当然不会同意导购员的要求，还会继续争取保留这些权利。于是，导购员在无形中多了一个谈判的筹码，通过让顾客权衡利弊来选择是在另一方面做出让步还是放弃讨价还价。

4. 每次让步都要给出具体的理由

导购员的每次让步，都应该找一个能增强说服力的具体理由。比如，今天是公司成立五周年，特别推出了店庆优惠活动。又如，产品生产技术有了重大突破，成本有所下降，可以给顾客一些优惠。还有一种常见的让步理由是答谢老顾客，为了感谢老顾客一直以来的支持，给他们（新顾客没有的）特别优惠。这样的让步理由会让顾客觉得真实可信，而不是随随便便就降价了。

5. 让顾客认为你是在替他考虑

导购员在讨价还价时，应该注意强调自己是在为顾客的利益着想，帮顾客争取了很多额外的利益。这样一来，顾客会觉得你跟他们站在同一条战线上，为了回报你的热情而接受最高限度的还价。

6. 出示价格证据

我们可以准备一份盖有品牌印章的"产品进货价格表"，在跟顾客僵持不下时拿给顾客看。爱砍价的顾客总是认为我们的产品有暴利，降价的余地极大，从而不相信导购员报的是最低价。当他们看到"产品进货价格表"上的数字和印章后，就会相信导购员给的已经是最优惠价格了。

7. 避免顾客看到竞品价格

顾客去收银台的途中可能会经过竞品的展台，看到竞品价格后临时反悔。导购员最好是亲自带着顾客去收银台，吸引他们的注意力，并且强调"公司管理严格，规定不准随便让价，这个价格是我好不容易争取来的……"，这样才能确保交易真正完成。

专家小科普

不管是在现实生活中购物，还是在网上购物，讨价还价都会存在。它就像是一种习惯，已经很难与顾客分开。虽然说把公司规定当作不让价的挡箭牌能够取得一定的效果，但并不是所有的顾客都会买账。若想用好这种拒绝方式，就要做到语气不生硬。生硬的语气会让顾客心生不快，甚至会激怒顾客。所以，要尽可能地保证语气柔和，让顾客可以心甘情愿地接受。

销售拒绝处理专家　崔小西

顾客既要折扣又要赠品，怎么办

课前思考

1. 为什么折扣和赠品不宜同时推出？
2. 怎样才能让顾客接受二选一的方案？

一、自我检查

你在导购工作中是否存在以下情况？如果有的话，请在（ ）里打"√"。每空1分，总分最高5分，最低0分。得分较高，说明你的职业素养还存在一些不足之处；反之，则说明你具备较为良好的工作习惯。

（ ）	1. 对顾客说"公司规定打折之后就不能送赠品了"
（ ）	2. 对顾客说"两个都要是不可能的，要么选打折，要么选赠品"
（ ）	3. 对顾客说"不好意思，已经给您打折了，请别为难我们"
（ ）	4. 对顾客说"这些赠品其实不值几个钱，您在外面也能买得到"
（ ）	5. 对顾客说"您也太贪心了"
症结诊断	赠品通常是一些成本不高但数量有限的小物件，往往以"买一赠一"的形式出现。这两种策略都会让顾客感觉自己占了便宜。大多数顾客通常不会在享受了折扣价之后索要赠品。即便说了这样的话，一般也只是抱着试一试的心态碰运气。导购员遇到这种情况时，不宜直接驳回顾客的要求，而应该耐心而委婉地说服顾客。切记不能讽刺顾客的贪婪，让顾客下不了台

二、如何利用赠品来减少折扣

爱占便宜的顾客并不少见。如果导购员不假思索地满足他们的要求，他们很可能得寸进尺，破坏公司的优惠政策。但是，不轻易妥协不代表要跟顾客硬碰硬。无论什么时候，导购员都应该以稳重圆滑的态度来处理顾客的刁难。运用高超的语言技巧来说服顾客，通过追加新的条件来平衡利益，让爱占便宜的顾客有所取舍。总之，得罪顾客永远是销售工作的大忌，导购员应该绞尽脑汁地避开这条红线，摸索出自己的说服技巧。

如果遇到折扣和赠品都想要的顾客，导购员可以采取以下应对策略：

1. 折扣和赠品分别推出

公司最好不要同时推出折扣和赠品，因为这种让顾客选择的做法增加了导购员的工作难度。在以折扣优惠为主题的促销活动中少设甚至不设赠品，而在以赠品优惠的促销活动中不推出折扣优惠政策。当然，也不是绝对不能做，得结合具体情况考虑。如果真遇到类似问题，导购员不能以直线思维处理问题，直接给顾客简单的否定意见或肯定意见。应该想方设法增强顾客对我们的认同感，然后再解决问题。

2. 把赠品当作商品来介绍

假如我们的赠品本身是具有可塑造价值的商品，那么在推出赠品时可以像展示商品一样提炼卖点。顾客总是下意识地把赠品当成低质低价的便宜货和处理品。其实有些赠品本身也是不错的商品，只不过作为赠品免费赠送罢了。导购员可以向顾客好好展示一下赠品本身的价值，让顾客充分意识到赠品是物超所值的，拿到赠品已经是占了大便宜。

3. 使用低成本赠品

假如公司本身没有什么价值较高的赠品，导购员就可以弄一些成本极低但使用价值不俗的赠品。这个办法主要适用于部分产品，赠品通常是一些稍加改进的零配件。对于顾客来说，这些赠品不值钱，但很好用，也省得自己再去商店或者网上单独购买。当顾客在享受折扣后依然索取赠品时，导购员可以适当地使用这类低成本赠品。

4. 在销售后期阶段再推出赠品

跟折扣优惠相比，赠品优惠不宜过度使用。推出赠品最好的时机是销售的后期阶段。购买过产品的顾客已经享受了折扣优惠，不会在公司未推出赠品的时候索取赠品。而赠品推出的时间点恰好是需要最大限度地争取人气的阶段。在这个前提下，让一部分顾客同时享受折扣和赠品的双重优惠也并无不可。

> **专家小科普**
>
> 运用赠品促销，是为了实现增值。如果你的赠品不常见，那么标价可以再提升一个档次，无形中就放大了赠品的价值，给顾客多占便宜的感觉。面对顾客非得多要一个赠品的情况，导购员究竟要怎么办呢？正常情况下，很多导购员都会满足顾客的要求，或者在请示店长之后也会给顾客多一个赠品。这是可以的，有时候多给一个也不算什么。不过，有的顾客会贪得无厌，给完还要。
>
> 连锁零售门店培训专家　郐杰

顾客表示很喜欢，就是太贵了，怎么办

> **课前思考**
> 1. 遇到这种情况时，导购员该不该直接询问顾客能接受什么样的价位？
> 2. 怎样让顾客觉得多花钱比少花钱更划算？

一、自我检查

你在导购工作中是否存在以下情况？如果有的话，请在（ ）里打"√"。每空1分，总分最高5分，最低0分。得分较高，说明你的职业素养还存在一些不足之处；反之，则说明你具备较为良好的工作习惯。

（ ）	1. 对顾客说"我是真没办法，如果能便宜点，我早就给您便宜了"
（ ）	2. 对顾客说"您别做梦了"
（ ）	3. 对顾客说"我知道您很喜欢，但公司规定就是这个价位，不打折"
（ ）	4. 对顾客说"您出的这个价钱真的不行"
（ ）	5. 对顾客说"您又不差钱"
症结诊断	顾客喜欢产品但接受不了价位，说明他们确实有需求，只是内心正处于挣扎状态。他们在估算购买这款产品的代价，看看能不能咬咬牙先买下来。导购员不要听到顾客嫌贵就马上放弃销售，转而推荐其他的产品。应该弄清楚顾客的实际消费能力是否足以承受这个价格，以及顾客是否愿意提前消费。导购员过早放弃交易，只会白白浪费潜在的成交机遇

二、只做最小幅度的让步

一般来说，顾客只想买价值大于价格的产品。假如产品的价格真的超出了顾客预判的产品价值，他们就会彻底放弃，而不会再特意说自己很喜欢。当顾客明确表示很喜欢产品时，恭喜你，顾客已经决定非买下来不可了。他们只是出于讨价还价的习惯，看看能否争取一些额外的利益。因此，导购员不能一上来就大幅度降价，最好是只做最小幅度的让步。我们可以通过以下方法实现这个意图：

1. 以个人名义给顾客少许优惠

现在商场大多是明码标价并且把具体折扣也标清楚了。按照常规流程，导购员应该再三向顾客解释公司规定明码标价不打折。不过，有些明码标价的商场还是会在顾客的软磨硬泡下做较大幅度的降价。这使得一部分顾客到了其他商场也如法炮制，坚持要导购员再便宜一点，求一个心理平衡。

这时候，导购员可以摆出一副勉为其难的样子，做一个很小的让步。我们可以跟顾客说，卖产品时会有一些数额不大（最多不超过10元）的服务费，看在顾客的面子上特别减免，并让顾客拿几瓶矿泉水饮料之类的东西。说话态度要诚恳，让顾客觉得导购员已经尽力了，不好意思再继续杀价。

2. 表示帮顾客争取一下赠品

导购员尽量争取不在价格上给顾客太多优惠。不过，坚持不让价的同时，还可以用其他形式的优惠来补偿顾客的利益。这样就不会伤和气了。导购员可以向顾客表示，自己做主帮顾客争取"平时不会给的赠品"。注意，导购员在跟顾客讨价还价后再这么做比较合适，过早地给赠品可能会引发新的问题。回答时不要显得很爽快，要沉吟片刻。导购员表现得越不容易做到，顾客就越觉得自己占了很大的便宜。

3. 好声好气地请求顾客理解自己

这是导购员决定完全不让价也不送赠品时的办法。导购员要用最为诚恳的语言跟顾客解释。比如，我们在强调商场规定时可以这样说——"其实我也想给您便宜一点。可惜商场都是明码标价的，以确保每一位顾客都能买到最低价的产品。而且我还差一单生意就能完成今天的销售任务了。所以，请您理解一下我。就算帮我个忙，好不好？下次如果有好产品，我一定第一时间通知您。"

导购员要尽量放低姿态来恳请顾客体谅自己，引导对方考虑销售工作的辛苦。顾客虽然没有得到什么优惠，但会有一种送个顺手人情的成就感。这种心理上的满足，往往也能让顾客不再刻意争取物质上的好处。

总之，顾客真正的想法可能是嫌好东西的价格太贵，也可能是没意识到这款产品能给自己带来什么好处。说到底，顾客觉得该产品的价值没有超过价格，买回来也是浪费。这就需要导购员循循善诱，在尊重顾客面子的前提下努力让他们认为好产品就该值这个价钱。当顾客心中的价值衡量标准改变后，就不会拒绝花更多的钱买更好的东西。

专家小科普

当顾客的回复是"超出了我的预算"时，很多导购员会转而介绍其他价位更低廉的产品。有的人还自以为是替顾客考虑，顾客却往往只是随便看两眼就离开了。很多导购员没明白，顾客只是说"超出了我的预算"，并没说买不起或者一定不买。他们说这句话的意图很明显，就是希望你降价。

连锁零售门店培训专家　郜杰

顾客对产品很满意,但声称打折时再买,怎么办

课前思考

1. 顾客想等打折时再买,只是因为图便宜吗?
2. 导购员怎样才能说服顾客当机立断买下自己喜欢的产品?

一、自我检查

你在导购工作中是否存在以下情况?如果有的话,请在( )里打"√"。每空1分,总分最高5分,最低0分。得分较高,说明你的职业素养还存在一些不足之处;反之,则说明你具备较为良好的工作习惯。

( )	1. 对顾客说"什么时候打折,谁知道呢"
( )	2. 对顾客说"现在已经打折了呀"
( )	3. 对顾客说"既然遇到了喜欢的东西,何必再等呢"
( )	4. 对顾客说"您等打折的时候再来,到时候可能只有别人挑剩下的"
( )	5. 对顾客说"过了这个村就没这个店了"
症结诊断	顾客巴不得商店天天有特价促销活动,他们会留心商店的打折活动规律,尽可能挑一个更好的购物时机再出手。对于导购员而言,顾客如果当场购买就能赚取更多收入,但顾客实在要等打折活动再交易,也不会给商店造成特别大的损失。因此,导购员遇到这种情况时要保持心态平和,不要威胁或讥刺顾客。应该以更合理的方式向顾客强调此时消费有哪些好处

二、争取现场成交是导购员的优先选项

如今的商家越来越喜欢搞节假日营销,全年将近一半的时间都是所谓的"营销节点"。这是各行各业竞争越来越激烈的表现,也因此养成了顾客"等活动"的习惯。有些顾客知道商店在节假日肯定会打折,所以现在看中的商品也先留着不买,等到过节的时候再入手,就可以享受到七八折甚至更低的优惠价格了。

对于顾客的精打细算,导购员应该抱有一定的同情和理解,但为了争取更多利益,还是应该设法让他们选择现场成交。顾客的拖延症原本就是以省钱为目标的,但是价格并非他们唯一的考虑因素。如果导购员可以利用顾客"害怕买不到"的心理,就有可能令其当场下单。

我们在实践中可以采取以下策略:

1. 先请顾客试用产品

即便顾客表示已经看中了产品,导购员依然可以让顾客先试用一下。因为,人们在真正试用产品时,才会充分感受到产品的好处。假如店里不是特别忙,导购员可以专注服务眼前的顾客,帮他们寻找合适的产品并提出具体的搭配意见。总之,尽量让顾客感受到使用产品时的快感。当顾客对产品爱不释手时,再顺势建议他们尽早出手。当然,如果顾客死活不同意试用,导购员也不能强求。

2. 强调节假日活动时的缺货风险

节假日是购物高峰期,肯定有许多怀着同样心理的顾客来买自己看中的产品。导购员在此期间会非常忙碌,不可能像平时客流量相对较少的时候那样服务周到。更重要的是,热卖产品很可能被抢购一空。等着节假日打折活动再出手的顾客,只有一部分人能达到目的。另一部分人只能后悔自己没有提前订购,早知道还不如当初多花点钱提前买下来。导购员在回复顾客时,应该把这种缺货的风险讲清楚,并建议顾客还是马上购买比较保险,免得夜

长梦多。

3. 至少让顾客留下联系方式

假如顾客还是不愿现在就全款购买，导购员可以提供两个方案。一个是让顾客先付定金，预定一件产品，到节假日活动再按照折扣价格结算全款。这个方案可以保证顾客不会拿不到货，而导购员也能确定成交。另一个是顾客不想付定金，只想在节假日结算全款，导购员可以先认同顾客的想法，然后请求对方留下一个联系电话，以便到时候及时通知顾客，让对方及时光临现场。

专家小科普

店铺不要随便打折，打折越多，对品牌的杀伤力就会越大，最后只能打折、打折，再打折。但是很多人会说，很多大品牌也经常打折，甚至常年打折，怎么就没有对品牌产生杀伤力呢？这个跟品牌溢价有关系，事实上，大品牌打折也会有一个区间，低于这个区间的打折是不会做的。

——连锁零售门店培训专家　郜杰

顾客说网店比实体店便宜时，怎么办

> 课前思考
> 1. 不同品牌的产品的网购价格和实体店价格是否具有可比性？
> 2. 如果顾客是故弄玄虚，导购员应该怎样处理才合适呢？

一、自我检查

你在导购工作中是否存在以下情况？如果有的话，请在（　）里打"√"。每空1分，总分最高5分，最低0分。得分较高，说明你的职业素养还存在一些不足之处；反之，则说明你具备较为良好的工作习惯。

（　）	1. 对顾客说"网上的不是假货就是山寨货"
（　）	2. 对顾客说"在网上买和在实体店买是一样的"
（　）	3. 对顾客说"您就在实体店买吧，我可以给您打个折上折"
（　）	4. 对顾客说"您就在实体店买吧，我额外给您送个赠品"
（　）	5. 对顾客说"我有个朋友就是因为贪便宜在网上买了××，结果……"
症结诊断	如今网购十分发达，有些顾客喜欢先去实体店看看有什么新款产品，把信息记录下来后再搜索有无网店售卖，以便享受更多优惠。这对导购员的销售技巧提出了更多考验。导购员要弄清楚顾客说的"网店价格"到底是否对应了同一种产品，具体是哪家网店的报价。此外，我们还应该帮顾客分析实体店购物带来的各种好处，让他们重新考虑网店跟实体店比少了哪些利益

二、卖场实例：网店真的更便宜

在一家手机卖场，顾客看中了一款智能手机。导购员详细地展示了手机的性能，顾客感到很满意但不打算在这里买，而是声称要在××网店上订购。

导购员：您为什么不直接在这里买呢？

顾客：因为网店的价格比你们实体店便宜啊。

导购员：不可能，我们这款手机是新上市的，线上线下都是全国统一价。您在这买是最低价。

顾客：网店真的比你们这里卖得便宜。

导购员：真的吗？您说的是哪家网店？

（顾客打开手机给导购员看了网页。）

导购员：先生，这款手机跟我推荐的手机看着很像，其实不是一个型号。我来给您详细说说……

顾客：原来是这样啊，那我还是在你们这里买吧。

导购员：好的，我马上帮您办理手续，请稍候。

点评：顾客不熟悉手机型号，误以为网店卖的产品跟导购员推荐的是同一个机型。导购员没有否定顾客，而是在顾客出示证明后耐心地重新解释了两者之间的差异。顾客弄清楚了产品的细节，最终决定在实体店购买。

三、导购员可以使用的对策

网店少了店租和中间商环节，让利空间比实体店大得多。所以，很多顾客都有"同一个品牌的产品在网店购买一定比在实体店购买便宜"的刻板印象。有时候确实如此，但也不是绝对的。导购员如果遇到了这种顾客，可以采取以下两种对策：

1. 适度较真

在案例中，导购员不相信顾客的说辞，顾客拿出了自己的证据。实际上，很多顾客并没有认真对比过价格，只是随口一说罢了。他们只是想让导购员再多给自己一点优惠，所以才故弄玄虚。导购员就算识破了也不能说破，要给顾客留足面子，并且承诺确保顾客享受到的是最低价。顾客有了台阶下，就会同意在实体店购买。这样双方就能圆满收场了。

2. 强调实体店的"隐形优惠"

即便网店的售价真的比实体店低，实体店销售依然有着自己不可替代的优势。顾客在网购时无法像在实体店购物时那样充分体验产品。而且实体店往往会送一些大礼包之类的赠品。如果算上赠品和增值服务的价值，顾客从实体店中得到的利益并不比网店的折扣优惠少。导购员可以通过反复强调这一点，改变顾客对价值的判断标准。此外，导购员还可以说："当场购买最省事，回家网购还要等物流配送上门，程序上比较麻烦。"如果顾客是讨厌麻烦的人，就会果断在现场购买。

专家小科普

互联网时代，网络购物越来越发达，以前购物需要跑到实体店，现在只需拿出手机或者在计算机上就可以轻松完成购物。而且更加重要的是，由于网络购物拥有无店租和中间商的优势，所以顾客总会说在网店购买比实体店更便宜。如果顾客比较的是不同品牌，那么处理起来相对简单，因为两者并不具备可比性，顾客心里面也很清楚这一点。如果顾客比较的是同一个品牌，那么处理起来就比较麻烦了。

海尔优秀导购员　李俊峰

第八章

抓好促成交易的临门一脚

当顾客快要准备付款时，会变得比前一秒更谨慎、更多疑。任何让他们感到不舒服的细微事物，都可能使其突然决定放弃交易。所以，导购员在最后关头要拿出十倍的耐心、细致、体贴，千万不要急于求成，让顾客感觉自己被牵着鼻子走。优秀的导购员总能准确捕捉顾客的购买信号，不厌其烦地打消他们的疑虑，让顾客满心欢喜地完成购物流程。

抓住顾客的购买信号

> **课前思考**
> 1. 什么是顾客的购买信号?
> 2. 顾客的购买信号有哪些表现形式?

一、自我检查

你在导购工作中是否存在以下情况?如果有的话,请在( )里打"√"。每空1分,总分最高5分,最低0分。得分较高,说明你的职业素养还存在一些不足之处;反之,则说明你具备较为良好的工作习惯。

( )	1. 不懂得什么是顾客的购买信号
( )	2. 分不清顾客到底想不想买
( )	3. 如果顾客纠结某个问题,会以为他们并不打算购买
( )	4. 不懂得看顾客的脸色变化
( )	5. 意识到顾客想买,但不知道怎样促成交易
症结诊断	当顾客认同产品并决定购买时,言行举止跟刚进商店时会有较大差异。这些细微的特征就是购买信号。当你的顾客释放出购买信号时,不要犹豫,这就是你促成交易的大好时机。当然,顾客此时还不会直接说买就买,而是会提出更多问题。导购员应该随时观察顾客的状态,一旦有购买信号出现,就要积极解决顾客最后一丝疑虑,力争促成交易

二、顾客的三种购买信号

根据导购专家的长期观察，顾客的购买信号可以分为以下三大类型：

1. 语言信号

顾客的购买意愿主要是通过语言来表达的。而在他们正式提出下单之前，会提出一些问题或者异议。这些问题和异议的出现意味着顾客离决定购买只有一步之遥，导购员必须认真对待。倘若不能妥善解决，顾客就会放弃购买。一旦听到满意的答复，他们就会成交。常见的语言购买信号有以下几种：

- "这款产品卖得怎么样？"
- "你们最多能打几折？"
- "你们能确保及时送货上门吗？"
- "现在购买有没有赠品？"
- "分期付款可以吗？"
- "有哪些售后服务？"

2. 表情信号

顾客的内心活动往往会从表情中流露出蛛丝马迹。有经验的导购员通过仔细观察可以从顾客的面部表情中捕捉到细微的信号。不过，顾客中不乏喜怒不形于色或者故意做出某种表情的人。导购员在察言观色时需要注意分辨。常见的表情购买信号有以下几种：

- 眼神从黯淡变为神采奕奕。
- 刚才还托腮沉思，现在表情明朗松弛。
- 满脸疑惑已经消失，表情变得随和亲切。
- 反复端详产品，眼睛发亮，脸上充满笑意。
- 此前眉头紧锁、目光锐利，此刻眉头舒展、目光友善。

3. 行为信号

顾客的肢体语言和举动也是释放购买信号的重要途径。导购员除了听语音、看表情外，还应该留意顾客的动作。当顾客内心比较紧张且怀有警惕性时，动作会比较拘谨。当他们有意成交时，身体会不由自主地放松下来。常见的行为购买信号有以下几种：

- 拿起产品仔细查验，每个细节都不放过。
- 反复比较几种产品，看得非常仔细。
- 同意先试用一下产品。
- 听完导购员的回答后不再发问，但没有离开，而是在原地沉思。
- 询问随行的同伴："你觉得怎么样？"
- 进来时双手交叉抱在胸前（表示否定），此刻已经放下双手。
- 身体前倾或后仰，不再绷紧。
- 进来时拳头一直紧握，此刻已经松开。

通过观察这三种购买信号，导购员可以判断出顾客是否对产品感兴趣，有无购买意愿。但是，有购买意愿不代表一定会做出购买决定。要知道，顾客此时只是心头一闪念，还没最终决定。导购员若是表现消极，顾客也能在一闪念之间放弃购买意愿。

所以，导购员察觉到顾客释放的某些购买信号时，应该果断抓住机会，迅速提出成交要求。千万不可被动等待、畏首畏尾，否则会让顾客觉得你招待不周。当然，在顾客没释放出购买信号之前，我们不宜轻举妄动，操之过急会让顾客生疑，从而中止行动。

专家小科普

成交是销售过程中最令人紧张的环节之一，因为成交往往意味着别人要给你掏钱了。对大多数人来说，问别人要钱都是不舒服的。这也是大多数销售人员害怕被拒绝的地方，因而他们通常总是战战兢兢地走向这一步。其实，只要多一点勇气和锻炼，几乎每个销售人员都能成为杰出的成交者。

美国销售专家　汤姆·霍普金斯

讲究效率的直接成交法

课前思考

1. 什么是直接成交法？
2. 导购员在使用直接成交法时需要注意哪些问题？

一、自我检查

你在导购工作中是否存在以下情况？如果有的话，请在（ ）里打"√"。每空1分，总分最高5分，最低0分。得分较高，说明你的职业素养还存在一些不足之处；反之，则说明你具备较为良好的工作习惯。

（ ）	1. 开门见山地询问顾客是否选择成交，却不知为什么被顾客反感
（ ）	2. 说话直指主题但缺乏让对方心动的说辞
（ ）	3. 你越着急，顾客反而越不着急，完全被牵着鼻子走
（ ）	4. 为顾客做出消极的假设，但对方不为所动
（ ）	5. 连续提出建议，没给顾客思考的余地
症结诊断	我们在导购过程中不要过于绕弯子，增加双方沟通的难度。但也不要过分简单粗暴。因为销售需要一个铺垫过程，把顾客的疑虑全部打消了，他们才会跟你做交易。直接成交法绝不是一上来就把底牌亮给对方，在此之前要做好相关铺垫，最终才能看准机会单刀直入。不讲究时机的话，导购员反而容易让顾客失去购物的兴趣

二、直接成交法的要点

直接成交法又叫请求成交法。导购员主动向顾客提出成交要求，建议他们买下自己推销的产品。由于这种成交法一开始就直奔主题，故名直接成交法。导购员在发出请求前，会先提出某种假设。这个假设要倾向于促使顾客做出有利于我们的回答，通过价值对比来激活其想象的空间，促使顾客做出购买决定。为了让顾客愿意成交，导购员还可以用一些额外的优惠来吸引顾客，提高他们的满意度。这对提高成交率也颇有用处。

我们在运用直接成交法时，应该注意以下几点：

1. 直接成交法的使用时机

由于直接成交法没有太多铺垫环节，比较直截了当，对使用时机的要求比较高。通常而言，导购员在两种情况下可以大胆使用直接成交法：

（1）导购员接待老顾客时

老顾客跟导购员进行过多次交易，双方熟悉彼此的性格、需求和作风，已经建立了相互信任关系。假如恰好有非常符合老顾客需求的新产品，导购员不需要做太多铺垫，可以在简单展示一下产品后直接建议对方购买。老顾客信得过我们，只要没有特殊情况，一般不会拒绝。

（2）新顾客对推荐产品颇有好感时

如果新顾客对我们推荐的产品感觉很好，已经释放出了成交信号，导购员就可以趁机直接建议成交。在一般情况下，新顾客决定购买后会主动要求成交。有些顾客虽然想买，但又一时犹豫不决，于是等着导购员来提议。假如导购员没有及时领会顾客的心思，可能会误以为顾客还没有购买意愿。

2. 直接成交法的优点

直接成交法在销售工作中应用十分广泛。这是因为它具有四个优点：

- 直接成交法有可能快速促成交易，实现高效率提升业绩。
- 直接成交法充分利用了各种潜在的成交机会。

- 直接成交法铺垫较少，需要的辅助道具也少，可以缩短导购员的销售时间。
- 直接成交法体现了导购员灵活机动、大胆进取的主动精神。

当然，这些优点都建立在导购员的主动精神上。如果导购员表现被动，不善于抓住时机，就无法发挥直接成交法的优点。

3. 直接成交法的缺点

直接成交法的优点是直截了当，缺点也是直截了当。不考虑时机且缺乏铺垫的单刀直入，可能会为顾客带来突兀感。顾客没有心理准备，面临的压力会突然增加，从而产生一种抵触成交的情绪。导购员就不得不先安抚顾客的心情，再重新开始谈判。如此一来，直接成交法反而让销售过程变得更复杂了。

> **专家小科普**
>
> 销售高手不向顾客推销产品，而是为顾客找到可以省钱的方法，为顾客节省开销。对于顾客来说，他关心的是自己的利益，谁能以优惠的价格为他提供优质的产品和服务，他就与谁成交。一名销售人员如果单纯地推销产品，顾客会认为你的目的只是卖产品，他们就没有兴趣与你继续交谈，就会从心理上排斥你。相反，如果销售人员能够为顾客提供可以让他们省钱的建议，那么销售人员就会很容易得到顾客的信任。双方的沟通气氛也就不会那么紧张了。
>
> 销售拒绝处理专家　崔小西

左右逢源的选择成交法

> **课前思考**
> 1. 什么是选择成交法?
> 2. 导购员在使用选择成交法时需要注意哪些问题?

一、自我检查

你在导购工作中是否存在以下情况?如果有的话,请在( )里打"√"。每空1分,总分最高5分,最低0分。得分较高,说明你的职业素养还存在一些不足之处;反之,则说明你具备较为良好的工作习惯。

( )	1. 没有用过选择成交法
( )	2. 提出的选项不合理,顾客一个都不接受
( )	3. 没看准顾客的成交信号,在时机不成熟时就提出了选项
( )	4. 没搞清楚顾客的购买动机,给顾客拒绝的机会
( )	5. 顾客没有二选一时,不知道该怎么应对
症结诊断	选择成交法需要更高的提问技巧,把顾客能提供的答案限制在某种条件之下。如此一来,无论对方做什么样的选择,最终都能得到导购员可以接受的结果。这便是选择成交法的奥妙。如果提问方式不合理,没有隐藏相关的限制条件,顾客自然不会按照你希望的方式来回答问题。如果顾客不从两个选项中做取舍,导购员就会与成交失之交臂

二、选择成交法的要点

有时候，顾客已经释放了多个购买信号，却又迟迟下不了决定。这说明他们有"选择强迫症"，不买怕错失好产品，买了又担心自己是冲动消费。遇到这种情况时，导购员不妨让顾客做一个"二选一"的选择题。当顾客愿意做选择时，这单生意就跑不掉了。这种成交方法就是选择成交法。选择成交法也是导购员经常使用的一种简明易学的销售方法。它的奥妙都蕴含在导购员提供的选项之中。

1. 选择成交法的常用套路

选择成交法的精髓是通过提供选项来促使顾客做选择。当顾客对买哪款产品犹豫不决时，导购员可以用"请问您想要银灰色的××产品，还是黑色的××产品？"来提问。如果顾客对什么时候来购买犹豫不决，导购员可以问"请问您是打算今天交钱，还是明天交钱？"之类的问题。需要注意的是，我们提供的"二选一"选项都是以假设顾客会购买为前提的。如果一个选项假设顾客会购买，另一个选项假设顾客不会购买，就违背了使用选择成交法的初衷。这是导购员应该注意避免的情况。

2. 提示选择中隐藏的心理暗示

顾客在模棱两可的状态下，总是会做一个比较保守的选择，以求降低遭受利益损失的风险。当顾客不确定要不要买东西时，假如导购员直接问买不买，他们很可能说不买。因为不买的风险系数更小一些。但是，导购员问顾客买A产品还是B产品时，他们就会下意识地在A和B两个选项中进行权衡，而忽略了"两个都不买"的选项。因为选择的内容变了，风险系数的比较对象由"买"和"不买"变成了"买A产品"和"买B产品"。处于可买可不买状态的顾客，在这种心理暗示下会默认前提是"买"，只考虑不同产品带来的利弊大小。把顾客的选择范围限定在对我们有利的地方，就是选择成交法最微妙的地方。

3. 选择成交法的优点

对于顾客来说，选择成交法不像直接成交法那么咄咄逼人，交易的主导权表面上是由自己掌握的，做决定时比较安心。不过，导购员使用选择成交法的时候，已经用心理暗示引导顾客成交了。顾客只要正面回答导购员的问题，就肯定会买至少一样东西。也就是说，导购员已经处于左右逢源的状态，实际上掌握了整个交易的节奏。无论顾客挑选哪一种产品，导购员都能获得相应的业绩。

专家小科普

如果你的产品或服务的每个方面看起来都是潜在客户最适宜的选择，你也愿意承担全部责任，给客户提供全部担保，你就又有了一次赢得这个客户的机会。告诉他，如果他的第一选择出了什么问题的话，你非常愿意成为他的第二选择。很多时候，潜在客户已经决定和另外一家公司做生意了，但是他们发现那家公司并不能够提供他们当初承诺的那些。在这种情况下，你就是要把自己定位于这时能让客户立马想起的第二选择。

美国销售专家　博恩·崔西

顾客犹豫不决时，促使其下决心

课前思考

1. 顾客明明对产品表示满意，为何还是犹豫要不要买？
2. 当顾客犹豫不决时，导购员应该怎样帮助他们下决心呢？

一、自我检查

你在导购工作中是否存在以下情况？如果有的话，请在（ ）里打"√"。每空1分，总分最高5分，最低0分。得分较高，说明你的职业素养还存在一些不足之处；反之，则说明你具备较为良好的工作习惯。

（ ）	1. 顾客说"我回家想想，等想好再告诉你"时，你信以为真
（ ）	2. 顾客说"我回家想想，等想好再告诉你"时，你很不高兴地放弃交易
（ ）	3. 对顾客说"今天不买，明天就没了"
（ ）	4. 对顾客说"机不可失，时不再来。等您想好，黄花菜都凉了"
（ ）	5. 对顾客说"难道您还信不过我吗"
症结诊断	每个人都害怕自己买错东西，所以在最后关头会放慢节奏，给自己留下一个缓冲的余地。导购员在这个时候既不能放顾客离开，也不能逼着顾客做决定。因为顾客在"买"与"不买"之间挣扎，希望确认自己的顾虑是多余的，希望导购员给自己再增加一些信心。导购员急于求成或者毫无紧张感，都会让他们产生疑虑，从而改变原先的购买决定

二、促使顾客下决心的六种方法

顾客在最终环节的犹豫不决，实际上是在回顾整个沟通的经过，检查自己有没有考虑不周的失误。导购员必须给顾客一点理清头绪的时间，但也不能只是坐等胜利。我们可以向顾客提供有力的证据，以此证明顾客没有买错东西，让他们不再怀疑自己的决定。导购员可以采用以下六种方法促使顾客下决心：

1. 出示产品使用者的推荐信

顾客不会轻信导购员的说辞，但其他顾客使用产品后的评价（即产品口碑）是他们非常在意的信息。导购员可以把产品使用者给的好评搜集整理一下，制作出一封产品使用者的推荐信。如果有热心的产品忠实粉丝在社交媒体上主动撰写推荐信，导购员可以与之联系，加为好友，借助现成的推荐信来进行口碑传播。当顾客看到这些产品口碑评价后，要么会马上相信我们的推荐，要么会私底下去跟推荐信的作者交流，确认真实性后再对我们产生信任。无论哪种情况，都足以让顾客做出购买决定。

2. 出示老主顾名单

假如导购员出售的产品价值较为贵重，可以汇编一份老主顾名单。这样做有两个好处：一个好处是老主顾名单便于导购员跟产品使用者保持密切联系，及时为他们提供更多的贴心服务；另一个好处是这份名单本身也是产品价值的有效的第三方证明。当我们把该产品的老主顾名单拿给顾客看时，名单里的人数越多，名单制作越规范，越能取得顾客的信赖。这对促成交易颇有帮助，还能展现导购员的职业素养。

3. 出示社会名人对产品的评价

名人效应是一个非常好用的促销手段。在广大顾客看来，名人使用过的产品通常比较高端大气上档次，至少质量优异、品牌过硬，能让自己在朋友圈里显得很有面子。假如导购员推荐的产品恰好是某位名人平时喜爱或者做形象代言人的产品，就应该积极出示证据，让顾客了解这些情况。名人对产品的评价有光环效应，比导购员的精妙说辞更容易进入顾客的内心。顾客也会因此变得果断。

4. 出示主流媒体对产品的相关报道

这里的主流媒体既包括报纸、杂志、电视等传统媒体，也包括微博营销号、微信公众号、推特、脸书、新闻客户端、直播平台等新媒体。导购员完全可以把各种主流媒体中关于产品的正面报道拿出来，用手机或电脑展示给顾客看。顾客的信息来源基本上也是来自这些主流媒体，如果这些舆论平台都说产品的好话，他们自然不会再有疑虑。导购员若是平时注意搜集积累这些资料的话，在产品展示和拒绝处理时就更有底气了。

5. 出示产品所拥有的权威认证

如果产品的研发者是妇孺皆知的业内名人（比如著名农业科学家袁隆平老先生），或者产品本身通过了严格的权威认证考核，都会给导购员的推销工作带来极大的便利。顾客通常最担心的就是产品质量问题，而当导购员出示这些权威认证的证明时，等于是给产品上了保险。顾客确认产品的品质毫无问题时，对产品其他方面的瑕疵也会更加宽容，也就没有必要继续为权衡产品的优缺点而犹豫不决了。

6. 出示与产品相关的图片和剪报

导购员可以把各种跟产品相关的图片、活动记录、剪报等资料放在活夹页里，随时拿出来给顾客看。这个方法没什么特别的技巧，就是平时多多积累。尽管这些资料不像推荐信那么直白，也不像名人评价、媒体特别报道、权威认证说明那么系统，但对于顾客来说，这种零散的资料更贴近自己的日常生活，同样具有不错的说服力。顾客会因此联想到自己购买该产品后的生活状况，从而做出购买决策。

三、使用上述方法的注意事项

通过上述六种方法，导购员可以帮助顾客尽早下决心，避免生意流产。不过，使用这些方法是有前提的，稍微不注意就会招致失败的恶果。为了提高成功率，导购员应该了解以下注意事项：

1. 确认顾客对产品确实感兴趣

假如顾客对产品毫无兴趣、没有需求，那么上述六种方法根本不会起作用。在他们看来，不买该产品对自己没有任何负面影响，买了自己不需要的东西反而是在花冤枉钱。所以，导购员一定要注意确认顾客对产品的兴趣。顾客若是兴趣不太大，犹豫之后也不会购买。导购员越是积极推荐，他们越是确信自己不需要。我们必须先找出顾客最感兴趣的成品，然后再说服他们果断下单。

2. 让顾客认为这是最后的购买机会

顾客犹豫不决的一个重要原因是缺乏紧迫感。他们想买却又怕后悔，同时还认为暂时搁置也没什么影响。假如这是购买该产品的最后机会，顾客的需求就会变得急切，不再过多权衡利弊。因为，他们真的害怕由于自己的迟疑而错过了最后的购买时机。这对顾客而言是非常大的打击。导购员应该设法制造出这种充满紧张感的购物氛围，让顾客觉得自己没时间再犹豫了，必须当机立断。

3. 不得对顾客使用"恐吓法"

很多导购员喜欢用"再不购买就没了"之类的话去吓唬顾客。虽然这招有一定的作用，但顾客听多了会感到厌烦，从而产生逆反心理，偏不做决定。导购员固然要向顾客表达"机不可失，时不再来"的意思，但措辞一定要委婉。比如，我们在使用上述六种方法后，可以对顾客说"这款产品很热卖，很多卖场都开始缺货了，不知道您下次来的时候还会不会有货"。这样一来，顾客就会很自然地产生紧迫感，最终下定决心。

> **专家小科普**
>
> 在交易结束时，最重要的技巧之一是耐心：问完最后一个问题之后。你应安静地等待顾客的反应。许多销售人员由于过于紧张，就不停地说话，以致自己把自己的买卖说跑了。虽然15秒的沉默感觉起来就像是15分钟，但你最好还是耐心地等待潜在顾客的回应。毕竟，一个人在做出购买决定前，往往需要时间来厘清心中的想法。
>
> 美国销售专家　汤姆·霍普金斯

制造饥饿营销效果

> 课前思考
> 1. 什么是饥饿营销策略?
> 2. 导购员在执行饥饿营销策略时应该注意哪些问题?

一、自我检查

你在导购工作中是否存在以下情况?如果有的话,请在( )里打"√"。每空1分,总分最高5分,最低0分。得分较高,说明你的职业素养还存在一些不足之处;反之,则说明你具备较为良好的工作习惯。

( )	1. 没听说过"饥饿营销"这个概念
( )	2. 缺乏刺激顾客需求的意识,只是被动等待顾客上门
( )	3. 为了刺激顾客需求不惜胡说八道
( )	4. 没有配套措施持续吸引顾客的注意力
( )	5. 滥用饥饿营销手段,让顾客逐渐产生逆反心理
症结诊断	顾客有时候未必意识到自己已经产生了新的需求。这就需要导购员去积极引导,把顾客的潜在需求激活。很多导购员都是坐在店里等顾客上门,而不去主动制造商机。饥饿营销手段的核心就是利用消费行为心理学原理来激活顾客的购买欲望。但导购员在刺激顾客的消费欲望时,切记不要过于急功近利。否则会消耗顾客的品牌忠诚度,让商店的销售陷入混乱状态

二、饥饿营销的特点

饥饿营销策略是互联网时代兴起的一种新营销手段。小米手机的迅速崛起在很大程度上与饥饿营销策略有关。导购员在使用这种策略前，应该了解其基本特点。

1. 着眼点是刺激顾客的购买欲望

饥饿营销策略的着眼点是刺激顾客的购买欲望。通过调控相关产品的供求数量来引发供不应求的市场假象，让顾客把产品当成珍贵的稀缺品。越是得不到的东西，顾客好奇心越重，从而产生占有欲。占有欲驱使顾客抢购产品，而这种抢购潮又会引发模仿效应，进一步强化供不应求的抢购气氛。这种营销策略让人们好像饥汉扑向食物一样抢购产品，故而称之为饥饿营销。

2. 通过病毒式传播放大品牌的影响力

当顾客得知周围的人都热衷于谈论和购买某种品牌的产品时，就会好奇地传播相关信息。顾客自发的口口相传，无形中把品牌变成了一个舆论热点，为其制造了口碑。随着口碑像病毒一样四处扩散，越来越多潜在顾客会受到感染，参与到购物队伍当中。而这种通过无成本的口碑传播打广告的手段，也是饥饿营销的一大要点。

3. 可以让公司获得稳定的收益

饥饿营销策略通过调控市场供求关系来激发顾客的需求，把产品分批分期投放市场，一直保持目标消费者处于适度的饥饿状态，再通过凝聚粉丝团体来把口碑影响力转化为产品生命周期内的购买力。如此一来，公司就能在较长时期内牢牢控制产品价格，维持较高的价格和利润率。

4. 饥饿营销策略有助于维护品牌形象

在很多顾客看来，品牌的形象与产品的价格、销量、广告宣传等因素息息相关。公司实施饥饿营销策略，向顾客释放了一个信号：这款产品是好东西，否则不会缺货，买它准没错。于是，品牌在顾客眼中的形象就得到了有效的维护。

三、导购员运用饥饿营销的注意事项

我们在使用饥饿营销策略之前，要注意四个问题：

1. 产品是否具备竞争优势

实施饥饿营销策略的前提是，产品确实具有某种短期内无法被模仿的独特优势。如果不是这样的产品，顾客的胃口是无法被吊起来的。强行使用饥饿营销策略，只会落得个东施效颦的下场。

2. 公司具备强大的品牌影响力

就目前而言，只有品牌影响力够强的公司才能成功应用饥饿营销策略。因为，影响力够大的知名品牌更容易被顾客认可。人们也相信强势品牌完全有可能出现供不应求的抢购气氛。没有品牌影响力的产品，顾客根本不关心是否缺货。

3. 利用好顾客的心理因素

顾客实际上很少有完全理性的消费，更多是冲动消费。饥饿营销策略就是利用顾客的冲动消费心理来刺激购物需求。不精通顾客行为心理学的导购员，是用不好饥饿营销的。小心画虎不成反类犬。

4. 宣传造势要给力

饥饿营销的宣传从产品上市之前就开始了。如果宣传媒体选择不当，营销时机和方式不合理，就无法把顾客的胃口吊起来。当产品上市后，各卖场会出现排队抢购和缺货等情况。这些信息的广泛传播，也是渲染产品供不应求气氛的关键。

四、滥用饥饿营销的缺点

任何营销策略都是有利有弊的，导购员不能只见饥饿营销之利，而不知其弊端。如果这种策略被滥用，会出现以下几种不良后果：

1. 损害公司的信誉

饥饿营销策略本质上是公司对市场供求的一种故意操控。供不应求的现象在很大程度上是人为制造的，而不能反映实际的市场需求。滥用饥饿营销的话，顾客会逐渐意识到自己不一定需要这个品牌的产品，从而对公司的态度由支持转为厌恶。

2. 消耗顾客的品牌忠诚度

饥饿营销只能作为短期策略来使用，不宜作为长期的品牌发展战略。顾客每次费尽千辛万苦才买到梦寐以求的产品，到头来却发现产品没有想象中那么高端大气上档次。这样一来，他们的耐心就会被耗光，对品牌的认同感就会下降。而饥饿营销的运作恰恰是高度依赖顾客的品牌忠诚度。顾客一旦有了更多的选择，会毫不犹豫地选择离开。

3. 拉长了产品的销售周期

饥饿营销限制了产品销售规模，将其拆分成若干批次来销售。这就拉长了产品的销售周期，增加了市场风险。由于没有以大批产品快速抢占市场，很容易给竞争对手模仿的时间，从而失去先发优势。

4. 运作难度大

饥饿营销策略对产品、品牌、销售网络和客服能力等方面有很高的要求。企业如果缺乏足够的综合实力，很难让饥饿营销策略真正起作用。因此，导购员必须充分考虑公司的实际能力，再决定是否使用这种短期促销策略。

> **专家小科普**
>
> 经济学家们讨论"满意的单位"。他们假定不同的行为会给一个人带来不同的满意度。顾客每次做购买决定时，都希望得到尽可能多的满意单位。他们想在身体上、情感上甚至精神上都感觉良好。他们想在诸多方面得到满足。你的产品或服务越是能在不同方面取悦和满足顾客，顾客越容易购买。
>
> —— 美国销售专家　博恩·崔西

及时促成下单，避免顾客改变主意

> **课前思考**
> 1. 顾客对产品和价格都很满意，为什么还会在最后关头放弃交易？
> 2. 导购员在促成下单时，应该注意哪些细节问题？

一、自我检查

你在导购工作中是否存在以下情况？如果有的话，请在（ ）里打"√"。每空1分，总分最高5分，最低0分。得分较高，说明你的职业素养还存在一些不足之处；反之，则说明你具备较为良好的工作习惯。

（ ）	1. 以为这单生意十拿九稳，没有让顾客马上下单
（ ）	2. 等顾客自己说要买时才下单
（ ）	3. 不能干净利落地完成手续，让本来满心欢喜的顾客失去了耐心
（ ）	4. 顾客在最后关头突然犹豫不决时，不能有效说服他们当机立断
（ ）	5. 顾客在最后关头提出新的疑问时，不能耐心解决
症结诊断	导购员应该明确一件事——顾客是善变的。他们现在认同你的推荐，但只要没有下单，就随时可能反悔，做出新的选择。有些新手导购员本来已经成功说服了顾客，却在最后成交环节精神松懈，给顾客留下了改变主意的空间。唯一能减少变数的办法就是及时督促顾客下单，让这单交易板上钉钉，不给顾客改变主意的机会

二、促成交易的五个技巧

走到现在这一步时，导购员已经离刷新销售业绩不远了。一定要大胆进攻，该出手时就出手，集中全力完成这最后一击。导购员可以采用以下技巧来促成交易：

1. 帮顾客挑选产品

纵然顾客内心有意购买，也不喜欢马上做决定。他们总是挑挑拣拣，再三确认自己手中拿的是不是同款产品中最好的那一个。他们还会在产品的颜色、款式、规格和售后服务标准等问题上反复权衡。说到底，顾客就是害怕过早做出决策会让自己感到后悔。放慢决策的速度，能减少一些草率的决定。导购员在这时候催促顾客快做决定只会适得其反。正确的做法是帮顾客挑选产品，这样既能加快成交进度，也能让顾客感到安心。

2. 帮顾客分析利弊

产品总有一些缺点，不能让顾客完全满意。比如，顾客喜欢这款产品的颜色，但不喜欢其款式，而喜欢的款式里又没有自己喜欢的颜色。遇到这种情况时，顾客会变得犹豫不决。买吧，缺点总是让人耿耿于怀；不买吧，其他优点令人难以割舍。其实，左右为难的顾客恰恰拥有强烈的购买欲望。他们只是需要一个砝码来打破心中天平的平衡，说服自己不要在意产品的瑕疵。这时导购员要挺身而出，利用自己丰富的产品知识帮顾客权衡利弊，极力突出顾客满意的地方，让他们忽略缺点，不再纠结。

3. 赞美鼓励顾客

顾客购买产品是为了改善自己的生活，包括个人形象、生活环境等。他们希望得到周围人的赞美，害怕遭到讥讽和嘲笑。顾客遇到自己特别喜欢的东西时，也会更加在意他人的眼光。他们吃不准自己的喜好是否会被大家接受，故而会产生迟疑。这时候，导购员应该鼓励顾客，赞美产品适合他们，或者夸奖他们挑选产品的眼光。此举能让他们充满自信，确定自己做了正确的选择，最终兴高采烈地把产品买下来。当然导购员的赞美不能过于夸张失真，否则起不到鼓励顾客的效果。

4. 利用顾客怕买不到的心理

很多顾客会抢购限时折扣的特价商品。表面上看，他们是为了省钱，实际上真正有吸引力的不是"打折"而是"限时"。人们普遍害怕"买不到"，特别是那些喜欢等着打折优惠活动再出手的顾客，错过了限时特价会懊悔万分。这种害怕买不到的心理，经常被导购员用来促成交易。如果我们告诉顾客，产品很受欢迎而且剩余数量不多，产品过了销售时间限制就准备下架，产品限量发行且再不生产，顾客就会觉得错过机会十分可惜，反过来抓紧时间下单购买。不过，导购员使用这种方法时一定要诚实，不能故意欺骗顾客。否则会搬起石头砸自己的脚。

5. 建议顾客试买一次

顾客刚接触一款新产品时，既有好奇心和购买冲动，又担心事后会感到做错了决定。说白了，就是对产品感兴趣但缺乏足够的信心。遇到这种情况时，导购员可以建议顾客先试买一点拿回去看看效果，再决定下次要不要买。由于试买的产品数量不多，顾客就算对产品感到不满意，也只当是尝鲜吃到了一颗酸葡萄。如果满意，他们会喜欢上这款产品，需求就会被彻底激活。所以说，导购员促成交易不仅要果断，还应该有足够的耐心。

三、建议成交的六种方法

我们在前面论述了直接成交法和选择成交法。除此之外，导购员还可以用以下六种建议成交方法来促成顾客下单：

1. 优惠让步法

这是导购员最常用的建议成交法，其原理是通过提供某种优惠条件（如价格让利、赠品、增值服务等）来促成交易。在顾客看来，导购员在某些方面做出了一定的让步，自己在购买产品时已经获得了更多利益，故而同意成交。我们可以利用顾客的求利心理来完成更多交易,比如批量购买可以得到进一步优惠,吸引顾客进行大批量交易。卖场清理库存的时候,非常适合使用优惠让步法。不过,滥用优惠让步法会让顾客怀疑我们卖的是次货,从而失去信任感。

2. 异议成交法

异议成交法的全称是"处理异议成交法"。这种成交法的精髓就是化危机为转机,利用处理顾客异议的机会来向顾客提出成交要求。导购员做完产品展示后,顾客会说明自己买或不买的理由。不买的理由即我们所说的"异议"。如果导购员能成功处理异议,顾客就不再有拒绝产品的理由了。这种成交法把顾客的异议视为一种成交信号,在实施过程中能让顾客找不到不买的借口。当然,只有导购员具备足够的实力才能成功处理异议,说服顾客转变态度。假如异议处理陷入僵局,顾客就不会选择购买了。

3. 从众成交法

大多数顾客都有从众心理,觉得多数人选择的东西一定是好的,至少不会是坏的。这种从众心理多少有些盲目,但对于不爱动脑的顾客来说,从众消费是最省事也最安全的做法。所以,导购员可以利用顾客的从众心理来促成交易。具体做法是在产品热销时向尚未购买的顾客加强推销,让他们担心自己落后于周围其他人,从而下单购买。换言之,我们是在借助一部分老顾客的影响力去吸引新顾客。假如能在顾客中形成口碑,让他们自发地向亲朋好友推荐,从众成交法的效果就能得到更充分的展现。

4. 保证成交法

当产品单价过高,需要缴纳的金额和面临的风险较大时,顾客会变得犹豫不决。特别是他们首次接触该产品,还没形成足够的信任时,很难做出购买决定。这时候,导购员应该直接向顾客提出成交保证,让他们相信风险是可以控制或者补偿的。当顾客的后顾之忧被消除后,就会克服心理障碍,与我们达成交易。导购员在使用这种成交法的时候必须注意,要针对顾客最担心的问题来直接提供有力的成交保证条件。这种承诺不能超出客观事实与我方的应对能力，否则体恤顾客的保证成交法就会变成欺骗顾客的诈术。

5. 激将成交法

有的顾客比较爱面子，可能为了满足自尊心和虚荣心而消费。导购员可以巧妙地刺激顾客，在不伤害其自尊心的前提下，激发其逆反心理。这类顾客的逆反心理被激活后，会不顾一切地购买自己之前不确定要不要买的东西。不过，导购员在使用激将成交法时应该特别谨慎，既要选对合适的时机，又要注意语言分寸。不能变成单纯地挖苦嘲讽顾客。那样就不是激将成交法了，而是自己主动挑事招惹顾客投诉。

6. 体验成交法

所谓体验成交法，指的是让顾客实际地触摸或试用我们推荐的产品，让他们在内心产生"这件商品要是归我所有就好了"的主观体验，从而马上掏钱购买产品的实际所有权。导购专家在调查中发现，如果顾客能够在实际承诺购买之前就先行拥有该产品，那么交易的成功率将会有所提升。导购员推销那种可以看得到、摸得着、有具体形象的"有形产品"时，可以采用这种成交法。除非顾客对使用产品的体验感到不满意，否则一般不会拒绝买下产品。导购员要做的就是不断改善顾客的使用体验。

> **专家小科普**
>
> 有些人感到自己在销售结单方面表现糟糕。只要你对自己施加这样的心理暗示，就会在完成订单之际把事情搞砸。一想到请别人下订单这件事，你的心脏就会剧烈地跳动，胃不停地抽搐，手心冒汗，头脑中一片空白。事实上，最后要求顾客签单只是一个普通的、自然的销售会谈。
>
> ——美国销售专家　博恩·崔西

第九章

顾客没买就打算离开时，导购该怎样挽留

进门的顾客通常都动了购物的念头，只是在没看到自己需要的产品或者嫌导购员唠叨时才离开。如果是前一种情况，导购员也不能只是礼貌地说"抱歉"，还可以推荐类似产品，或者让顾客留下联系方式和需求，以便进货后及时通知。如果是后一种情况，顾客只要对你的服务满意就会买。无论怎样，导购员必须改进自己的服务方式，尽量留住每一位顾客。

导购员的九个"无心之过",如同闭门送客

课前思考

1. 顾客最讨厌导购员做哪些事情?
2. 怎样避免出现这九个"无心之过"造成的过失?

一、自我检查

你在导购工作中是否存在以下情况?如果有的话,请在( )里打"√"。每空1分,总分最高5分,最低0分。得分较高,说明你的职业素养还存在一些不足之处;反之,则说明你具备较为良好的工作习惯。

( )	1. 在导购过程中表现得过分强势,没给顾客说话的机会
( )	2. 不太在意顾客的感受,心里只想着订单
( )	3. 总是对顾客摆出一副"我比你更懂你"之类的傲慢态度
( )	4. 无法清晰准确地陈述方案,让顾客质疑你的业务能力
( )	5. 表现出过于明显的功利心
症结诊断	顾客是买方,导购员是卖方,双方的利益既有相同点也有差异。顾客最在意的恰恰就是"差异",对导购员总会抱有三分戒心。如果无法成功消除顾客的戒心,他们是绝不会在你这里买东西的。因此,导购员在接待顾客的过程中一定要摆正心态和姿态,不可做让顾客厌恶的事情。无论你工作多么努力,顾客只会拿你某个环节的疏忽来否定你,进而否定你推销的产品

二、导购员必须避免的九个"无心之过"

众所周知，得罪顾客是愚蠢的举动，尊敬顾客才能做好销售。问题是，很多惹火顾客的导购员自认为没有做错什么，完全不明白自己在什么地方得罪了顾客。连自己犯了错都意识不到，当然不知道该如何预防。这种"无心之过"酿成的失败，其实是可以避免的。我们在跟顾客沟通时，有九个"无心之过"是应该避免的。具体如下：

1. 不给顾客说话的机会

如果你在卖场中看到一个导购员正在天花乱坠地介绍产品，顾客几次开口想说话都找不到机会，那么这笔生意十有八九要黄了。热情健谈的人适合做销售，但未必能成为优秀的导购员。他们可能犯的一个"无心之过"是只顾说自己背下来的导购话术模板，而没给顾客发言的机会。有的公司要求导购员接待顾客时要热情洋溢，搞得导购员个个跟打了鸡血似的，只是自以为很努力，完全没有尊重顾客的发言权。顾客迟迟没有插话的机会，自然不想跟你说话，更不想从你这里买东西。

2. 缺乏诚意

导购员若是内心带着厌恶、不耐烦、人浮于事的态度来接待顾客，顾客就会对其业务能力和职业操守打个大大的问号，顺带怀疑产品是不是有什么见不得光的问题。做销售确实很累人，容易精神疲惫。这也是部分导购员工作时缺乏诚意的一个原因。但是，天底下哪个工作不累人？顾客下班之后也是带着疲倦光顾你的卖场的，希望看到的是真诚而温馨的人性化服务，而不是缺乏诚意的虚伪面孔。节假日来的顾客更是带着愉快的心情来购物，没有什么比缺乏诚意的导购员更让他们生气的了。

3. 翻脸太快

有些导购员，刚开始跟顾客聊得还挺好的，但一听到顾客表示没有购买意向时，翻脸比翻书还快。其实，顾客的拒绝是再正常不过的事情，导购员完全没有必要为此失态。顾客表示没有购买意向，可能是确实不需要，也可能是其他的原因。导购员应该通过耐心地询问调查，弄清楚真实原因。即便顾客不需要你现在推荐的产品，你也可以根据他们的需求推荐其他产品。就算最后一单生意也没做成，导购员也必须拿出专业人士的良好素养，让顾客知道什么叫"买卖不成仁义在"。顾客下次有需求时，肯定会优先想起那个给自己带来好印象的导购员，而不是对自己恶语相向的导购员。到那时，你的机会就来了。

4. "我比你更懂你"

导购员或多或少都学习过一些消费行为心理学知识，对顾客的小心思比较了解。从某种意义上说，大多数顾客确实不清楚自己的具体需求，只是有一个大致的选择范围。在导购员的帮助下，他们才能清晰地找到最适合自己的产品。但是，这并不意味着导购员可以对顾客说"我比你更懂你"这句狂妄的话。要知道，导购员对顾客的了解，仅仅是针对顾客购物时的心理。顾客有很多情况，你其实一无所知。你自以为替他们做了最好的选择，殊不知，在没调查清楚顾客真正的需要时，这种自作主张的做法会令顾客感到非常不自在。

5. 不懂得循循善诱

如果导购员一开口就对顾客说"您不买下这些东西的话，迟早会后悔的"，那么他的下场很可能是被顾客拒绝。导购是一门技术活，没有铺垫就直奔主题，本质上跟强买强卖区别不大。顾客对产品的了解有个由浅入深的过程，对自己的需求也有个从模糊到清晰的过程。引发这些转变的就是导购员的细致讲解和耐心回答。导购员应该学会循循善诱，帮顾客找出他们的"痛点"，然后提出解决方案。要让顾客认为你是来帮他们解决问题的朋友，而不是只想着从他们账户里赚钱的陌生人。

6. 不懂倾听和询问

倾听和询问的技巧，我们在前面的章节已经有较为详细的说明，在此不再重复。比起技巧，我们更应该明白的是倾听意识和询问意识。倾听和询问都具有双重作用。它们不仅能用来探察顾客的实际情况，也给顾客一个充分发言的机会。单方面发言叫作灌输，双向互动才叫作沟通。顾客需要表达自己想法的机会，希望在这方面得到充分的尊重。导购员如果通过倾听和询问来引导顾客说话，让他们能够畅所欲言，这单生意就很有可能会谈成。反之，本来可能谈成的生意也会被心里不舒服的顾客断然拒绝。

7. 说话不得要领

这是顾客非常害怕遇到的情况。他们光临卖场是来买东西的。如果时间都花在有用的地方，顾客就不会太在意。但是，导购员任何拖泥带水的举动，都会让顾客觉得自己的宝贵时间被浪费了。导购员说话不得要领，产品展示半天说不到点子上，顾客根本听不出产品跟自己有什么关系，当然会表示拒绝了。因此，导购员一定要头脑清楚、思路清晰，说话有逻辑和重点。在进行产品展示的时候，应该注意语言简明扼要，论据扎实，观点有说服力。顾客觉得你很专业，也会对你产生信赖。

8. 过于势利

顾客跟导购员的基本关系是买方和卖方的关系，但顾客很讨厌被别人当成赚钱的工具或者"提款机"。满脑子只有生意的导购员过于势利，没有把顾客当人来看。而顾客从他们的言行举止中可以感受到这一点，怒而拒绝交易。钱固然要赚，但人情世故也不能不讲。导购是一项需要情商的工作，导购员应当具备较高的情商，而不能沦为"一切向钱看"的势利眼。高情商的导购员能跟顾客开开心心地谈生意，让顾客乐于花更多的钱买更多的产品，得到一个双方皆大欢喜的结果。而势利的导购员老想着让顾客多出钱，而不在意他们的感受和诉求。顾客不拿出十二分戒心提防这种人才怪。

9. 缺乏信心和毅力

有的导购员缺乏信心和毅力，顾客一拒绝就马上放弃了努力。这会让顾客怀疑他们缺乏起码的敬业精神，从而不愿意与之交谈。再优秀的导购员也不能保证顾客在开始时不会提出异议。他们遭遇的拒绝比你想象得更多。但是，他们并不轻言放弃，而是认准了目标就坚持到底。顾客讨厌死缠烂打，但不讨厌意志坚定、自信自强的专业人士。特别是当你确认顾客确实有相关需求时，更应该拿出锲而不舍的精神来打动他们，别让他们因为看不起你的懦弱表现而错过好产品。

总之，如果导购员能够避免以上九个"无心之过"，就不太容易莫名其妙地得罪顾客。这需要我们平时多多总结经验、学习榜样、反躬自省。

专家小科普

一个取得客户信任的业务员，或许会有成百的客户把业务送上门来；而一个诱骗客户的业务员，一定会有成百上千的客户离开他。营销员的业绩来自客户群，你的客户群也许不怕竞争对手的侵扰，但极易受到来自客户的流言诋毁，所谓"众口铄金"就是这个道理。

日本销售女王　柴田和子

还没等你介绍就想走的顾客，未必不想购物

课前思考

1. 顾客没听导购员介绍产品就走的原因有哪些？
2. 导购员该不该挽留这种扭头就走的顾客呢？

一、自我检查

你在导购工作中是否存在以下情况？如果有的话，请在（ ）里打"√"。每空1分，总分最高5分，最低0分。得分较高，说明你的职业素养还存在一些不足之处；反之，则说明你具备较为良好的工作习惯。

（　）	1. 对顾客说"请等等，您先别急着走"
（　）	2. 对顾客说"请等等，您可以坐下来喝杯茶"
（　）	3. 对顾客说"请等等，我想知道您见到我就走的原因是什么"
（　）	4. 对顾客说"您能否说一下到底想看什么"
（　）	5. 对顾客说"我是不是有什么地方服务不周，让您感到失望了"
症结诊断	遇到这样的顾客确实令人头痛。他们没给你展示产品的机会，也没给你提问的机会，你根本不知道他们心里在想什么。所以，导购员应该利用前面提到的顾客性格类型识别术来快速判断出顾客属于哪种情况，然后再灵活应对。在向顾客提问时要注意措辞，不要让对方感到不自在。导购员还应该有自信，不要擅自认为顾客是因为对自己有意见才转身就走的

二、别灰心，顾客也许只是购物习惯不同

面对导购员的热情服务，每一位顾客都有三种选择：第一，在你这里买；第二，去别处买；第三，这次先不买。当顾客没跟你接触就离开的时候，可能是因为你这里没有他们需要的产品，也可能只是个人购物习惯不同。

顾客的购物习惯因人而异，但归根结底无非是两大类型。一个是计划购买，另一个是随机购买。所有的导购员都有必要了解一下这两种购物方式的特征，这会让你更加明白怎样接待不同的顾客。

1. 计划购买

计划购买就是顾客在走进卖场之前已经决定好要买什么东西的购物方式。他们可能之前已经来过卖场踩点，或者从网络及其他渠道了解了产品的相关信息。买什么品牌的产品，该产品有哪些功能，大概是什么价位，买多少才够用，都已经被顾客明确规划好了。他们来卖场的唯一目的就是把产品买下来而已。

习惯采用计划购买方式的顾客，往往消费比较理性，品牌忠诚度很高，通常已经多次使用相关产品。他们感兴趣的东西，用不着导购员再详细介绍；他们不感兴趣的东西，导购员介绍了也不关心。这类顾客通常把所需产品用完就会定时按计划采购。运气好的话，你也许能看到他们手拿一张清单，找到一样产品就在清单上打个钩的情景——这表明顾客本次购物需求量较大。

导购员若是遇上这种顾客，不用花什么心思去招待，只需要根据他们的要求把产品打包和结款。他们有时候来卖场逛一圈没听你介绍就走，实际上只是来踩点，确认一下这里有没有自己想要的东西。如果导购员这次没有搭上话，也不是很要紧。因为他们下次再来的时候肯定不会让自己空手而归。我们只需把这些消费有明显规律的顾客当成老熟人，详细而及时地提供他们要的东西和信息就够了。

2. 随机购买

随机购买指的是顾客事先没有做什么购物计划，来到商店后看情况购买或不买东西的购物方式。偏好随机购买的顾客只是临时起意逛商场，很容易被外界刺激影响进行购物。比如，碰到特价活动，电视上刚好报道了相关产品，朋友推荐相关产品，路过橱窗时无意中看到感兴趣的产品，等等。

这类顾客由于没有购物计划，买不买在很大程度上是看心情，比较容易产生冲动消费。本书提到的大部分导购技巧，主要是针对随机购买的情况设计的。导购员在接待随机购买的顾客时，要根据顾客的年龄、性别、职业、消费能力等类别来灵活调整销售思路。此外，我们应该把产品陈列得更加别出心裁，广告、海报、广播和店面装饰也要引人注目。这样才能吸引更多顾客来随机购买。

> **专家小科普**
>
> 借口是客户想出来的托词，目的是为自己不买你的产品找个"台阶"。有些借口是真的，但更多的时候只是一种防御机制。从另一个方面讲，拒绝才是客户真正的关注点。无论是借口还是拒绝都很容易应对，但方式不同。学会区分两者以及运用不同的应对方式是你取得成功的关键。
>
> ——美国销售专家 莎莉·列维京

顾客的态度先热后冷，找出具体原因

课前思考

1. 遇到顾客态度180度大转弯时，你能否做到沉着冷静？
2. 如果顾客的态度先热后冷，导购员是否还有机会挽回交易？

一、自我检查

你在导购工作中是否存在以下情况？如果有的话，请在（ ）里打"√"。每空1分，总分最高5分，最低0分。得分较高，说明你的职业素养还存在一些不足之处；反之，则说明你具备较为良好的工作习惯。

（ ）	1. 被顾客指出缺乏销售技巧
（ ）	2. 被顾客批评不懂得换位思考
（ ）	3. 被顾客批评做生意缺乏诚意
（ ）	4. 不知道怎么就突然触及了顾客的逆鳞
（ ）	5. 顾客"晴转阴"的时候，连话都不敢说了
症结诊断	顾客的态度先热后冷，十有八九是导购员在服务过程中做了让顾客认为应该拒绝你的事。此时，导购员一定不能惊慌失措，要诚恳地向顾客了解情况，然后真诚地道歉。顾客没有马上拂袖而去，就是在给你一个解释和补救的机会。假如连这个机会都失去了，顾客就彻底不再相信你和你推荐的产品了。为了避免陷入这种困境，导购员应该尽快排查顾客不信任你的原因

二、顾客不信任导购员的常见原因

导购员热情地招呼顾客，让双方有个融洽的交谈氛围。这是促成交易的重要前提，但不等于你一定会赢得顾客的信赖。他们在听完你的产品展示后，会很快判断出你值不值得信任。通常而言，顾客不信任导购员的原因有以下几种：

1. 真的不需要

你推荐的产品和服务很好，但顾客确实不需要。无论你的服务态度多好，产品展示做得多么生动有趣，顾客不需要就是不需要。导购员原本可以在事前避免这种情况，根据顾客讲述的具体需求来推荐产品。显然，你没有这么做。

2. 顾客没听懂你在说什么

顾客未必对你推荐的产品没需求，但他们没听懂你的介绍。即便是冲动消费型顾客，也不会在没听懂产品展示内容的情况下轻举妄动。

3. 顾客认为你说的是假话

毫无疑问，顾客已经给导购员贴上了"不诚实"的标签，没直接骂导购员是骗子已经算开恩了，又怎么可能不拒绝。假如导购员不是存心哄骗顾客，就要好好反省一下自己的沟通方式和个人形象存在哪些让顾客生疑的问题。

4. 顾客更喜欢其他品牌

顾客不止接触过一个导购员，也不会只在一个导购员那里买东西。假如你卖的产品原本不是他们的首要选择，被拒绝也是很正常的事情。不过，导购员还是可以再努力争取一下，说服顾客尝试新的选择。

5. 顾客购物存在某种阻碍

也许是此时的购物预算不足，而导购员又不同意分期付款。也许是顾客要求开具增值税发票，而导购员所在的商店不提供这项服务。总之，如果不克服这种阻碍，顾客是没法下决心在你这里买东西的。导购员应当尽力帮顾客排忧解难。

6. 顾客缺乏决定权

顾客可能对你的产品和服务都表示满意，但自己没有决定权。如果导购员没意识到这点，只是一味地对顾客展开狂轰滥炸式的说服，他们不讨厌你才怪。所以说，导购员应该在谈判时弄清谁是真正的购物决策者。

7. 顾客对你感到忌惮

有些导购员做事不择手段，爱钻空子。顾客虽然不讨厌产品，但对导购员的思想性格、言谈举止感到忌惮。这种抵触心理会让顾客选择远离导购员，放弃感觉还不错的产品，以确保自身安全。

8. 顾客比较守旧

有的顾客作风保守，习惯用旧产品，而不喜欢改变自己的习惯。他们购物的基准是维持自己现有的生活状态，所以新产品还不能快速被接受。当导购员推荐的是顾客不熟悉的新型产品时，他们会感觉没意思。这就需要导购员尝试帮顾客转变旧的消费观念。

9. 顾客被其他导购员欺骗过

被无良导购员欺骗过的顾客，虽然照样有购物需求，但对导购员群体充满了不信任。他们的自我保护心理过强，很容易放大导购员身上的某些"缺点"。这需要导购员耐心地展示自己的真诚。

无论导购员遭遇的是哪一种情况，最终都需要通过真诚、耐心、积极性、专业知识和职业意识来解决。我们不要害怕被顾客拒绝，也不要为顾客的不信任而难过。让头脑冷静下来，把心态平静下来，然后按照前面说的各种服务技巧去做。唯有精诚之心能打动顾客，成为他们"白名单"上的贵宾。

专家小科普

在回应客户的拒绝之前，你必须分辨出他真正的拒绝原因，这是关键的第一步。当销售过程临近终点之时，你必须把节奏慢下来，多多倾听和复述，确保自己已经理解了客户的观点，然后再想办法让他们相信你。尖锐的话语、傲慢的语调都会让你的讲话变得毫无意义。你的目标不是跟客户争论对与错，而是做成一单生意，现在可不是较真的时候。

美国销售专家　莎莉·列维京

如何说服为了讨价还价假装想走的顾客

> **课前思考**
> 1. 怎样判断顾客是为了讨价还价而假装想走，还是真的要走？
> 2. 遇到这种擅长砍价的顾客时，导购员应该妥协吗？

一、自我检查

你在导购工作中是否存在以下情况？如果有的话，请在（ ）里打"√"。每空1分，总分最高5分，最低0分。得分较高，说明你的职业素养还存在一些不足之处；反之，则说明你具备较为良好的工作习惯。

（ ）	1. 对扬言要走的顾客不理不睬
（ ）	2. 不给顾客面子，直接拆穿对方是在表演
（ ）	3. 当顾客去而复返时，报之以嘲笑的态度
（ ）	4. 一听到顾客说要走就紧张地大幅度降价
（ ）	5. 不懂得相互妥协，非要跟顾客争个高低
症结诊断	假装要走是一些擅长讨价还价的顾客的常用招数。他们利用导购员急于冲业绩的心理来压低价格，以便获取更多实惠。缺乏经验的导购员往往会出现两种失误：一种是误以为顾客真的要走，急忙降了个跳水价，白白让顾客占了便宜；另一种是对顾客不屑一顾，任其离开。殊不知，顾客只是通过

（续表）

症结诊断	故作姿态来讨价还价，等导购员挽留时再重新开价。对于有经验的导购员来说，这是自己和顾客心照不宣的谈判游戏。可如果导购员不给顾客一个台阶下，他们为了维护面子就只能真走了。顾客可以到别家继续选购产品，没有什么实质性损失，导购员则丢掉了一笔本可以成交的生意

二、跟"影帝"顾客演好对手戏

在讨价还价时假装要走的顾客，有两种演戏套路。一种是故意说"你再便宜一点，不然我就走了"来威胁导购员，然后实际上站着不动，等着导购员挽留。

另一种是放话之后真的离开，然后又回来继续砍价，谈不拢就再演一次。老练的导购员对顾客的心思很清楚，应对方针是不可不留，但也不能轻易让步。我们可以采用以下三种对策：

1. 顾客第一次表演时的对策

当顾客第一次表示要走，甚至已经假装转身的时候，导购员应该赶紧拉住顾客。如果门店里有地方坐，就先安排顾客坐下来。这样的挽留给足了顾客面子，接下来讨价还价也比较方便。

导购员可以说："您先别急着走。我们的产品还有很多您没了解的优势呢。您先坐一坐。我给您细说一下。"然后把产品的主要卖点再介绍一遍。注意说辞要精练简约，突出最切合顾客核心需求的优势卖点。

也许顾客并不会完全接受导购员的意见。但经过这一道环节，双方有了个缓冲的空间。如果顾客继续要求价格再优惠一点时，导购员可以摆出一副"苦瓜脸"，表示尽量帮顾客争取优惠，实际上用前面提到的讨价还价技巧逐渐让步，顺势达成交易。

2. 顾客第二次表演时的对策

有的顾客被第一次挽留后，依然觉得得到的实惠不够多，就可能再表演一次假装要走的戏码。这种为了砍价什么都能做的"影帝"虽然不多，但确实存在。遇到这种情况时，导购员也不要轻易放弃交易。不过，这一次，我们不要马上急着拉住他。

顾客见你没有马上拦着，就会朝门口走去，表示自己这次是"动真格"的。导购员应该等顾客快出门之前再把他们请回来。如果挽留太早，顾客就会产生心理优势，砍价幅度更狠。如果挽留太迟，顾客走出门了，就没法接着谈。

把顾客请回来后，导购员可以采用搬救兵法，声称"我帮您请示一下领导"，也可以提出减免某些免费服务项目和赠品作为交换。无论怎样，导购员应该表现出为难的样子，让顾客感觉你是真的尽力了。

3. 顾客已出去又回来时的对策

有时候，导购员可能嫌麻烦就没有挽留顾客，或者是顾客自己走得太快，导购员没来得及挽留。然而，有些顾客声称到别处看看，在外面转了一圈后又会回来。

如果遇到这种情况，形势对导购员是有利的。因为顾客去而又返，说明他们真的很想买我们的产品，而且也没有其他竞品可以替代。顾客的选择余地不大，议价空间自然也很小。

导购员这回可以咬定价格不放，反正顾客对产品满意，还是会买的。不过，导购员虽然要坚持不让步，但语气必须谦卑温和，而不要趾高气扬、咄咄逼人。

要知道，这些顾客转了一圈回来，也不是能轻易做到的事。大多数顾客爱面子，不会马上去而复返。他们做出这个决定时，很怕被别人嘲讽。导购员一定要对顾客保持尊重的态度，再充分利用其购买决心迅速达成交易。

专家小科普

跟顾客打交道是非常有意思的，很多时候会觉得对方很可爱，明明已经看中了某款商品，甚至心里已经做出了购买决定，但表面上仍然装作看不上的样子，表示："你们的东西太贵了，要是打个七五折，我就买一套，否则我就走了……"不断地"威胁"导购员，表示不多给点折扣或者礼品就会走人，是最常见的一种讲价手段。

海尔优秀导购员　李俊峰

在顾客去收银台付账的途中，有些意外情况要注意

课前思考

1. 顾客走去收银台付账的途中可能会发生哪些变数？
2. 导购员怎样避免顾客见异思迁，再次临时改变主意？

一、自我检查

你在导购工作中是否存在以下情况？如果有的话，请在（　）里打"√"。每空1分，总分最高5分，最低0分。得分较高，说明你的职业素养还存在一些不足之处；反之，则说明你具备较为良好的工作习惯。

（　）	1. 顾客在去收银台的路上会经过竞争对手的专柜，但你对此毫不担心
（　）	2. 你没想到顾客在交钱途中会临时改变主意
（　）	3. 你低估了竞争对手突然插一脚的可能性
（　）	4. 由于你表述不准确，顾客半天没找到去收银台的路
（　）	5. 顾客来到收银台前突然反悔了，而你没能控制好情绪，说话态度不好
症结诊断	传统的百货商场里总是设有多个品牌专卖柜台，而收银台的位置比较集中。顾客从你的柜台走到收银台的途中，其他品牌的导购员会主动揽客。假如顾客的注意力被吸引，很可能重新考虑要不要买你的东西。我们应该树立一个观念：顾客在付款拿货之前随时有可能改变决定。导购员想要提高交易成功率的话，就必须设法让顾客径直走到收银台，减少其他商家的干扰

二、在顾客付钱提货之前都不要放松警惕

普通门店和购物广场的商家通常都有自己的收银机，顾客进入店内时处于一个封闭空间。导购员不用担心顾客在付款途中"迷路"。传统的百货商场里集合了多个品牌的柜台，但收银台设的不多，顾客一般是先到收银台付完钱再返回柜台提货。由于顾客处于一个比较开放的空间，活动更自由，视野更宽，变数就多了很多。假如收银台离你的柜台很近，你可以看到顾客的一举一动。假如收银台在你的视线之外，顾客很可能被其他竞争对手的导购员中途拦截，然后被说服改变选择。

所以说，导购员成交后也不要太放松，在顾客付钱提货之前都要保持足够的警觉性。为了防止顾客在最后关头改变主意，导购员应该采取以下策略：

1. 找出合理的路线

导购员应该分析好本楼层的商场布局，找出一条经过同类竞品柜台最少的去收银台的路线。给顾客指路的时候，宁可让他们走一条稍远一些但途中都是非同类产品柜台的路线。大多数顾客不会突然反悔，就算在去收银台的路上看到其他同类产品，也不会轻易改变购买决定。但总有一些顾客容易被其他同类产品吸引，然后去询问价格，对比自己在我们这里买东西是否划算，然后再判断要不要改变主意。导购员不能天真地认为每一位顾客都言出必行。只要还没正式下单付钱，顾客就很容易被外界信息影响。

2. 尽量避开强势竞争对手干扰

百货商场同一楼层会集中一批卖同类产品的商家。去收银台的每一条路线都必然经过竞争对手的柜台。如果导购员面临的是这种情况，只能退而求其次，选择一条能避开强势竞争对手干扰的路线，让顾客只路过那些弱势竞争对手的柜台。因为，顾客总是倾向于相信强势品牌。他们可能不熟悉商场环境，才先看中你的产品，实际上平时更喜欢买强势品牌的产品。一旦顾客

看到了自己熟悉的产品，改变主意的可能性就很高了。而且，强势品牌的导购员往往服务态度非常主动热情，敢于竞争生意，让顾客盛情难却。我们应该把这种可能性降至最低。

3. 有条件就亲自带顾客去

这是最保险的办法。如果店里人手充足，导购员最好是亲自带着顾客去收银台。一方面，这样显得我们服务周到、体贴入微，会给顾客留下一个好印象。另一方面，导购员在带路途中也顺便用身体挡着顾客的视线，通过跟顾客聊天来避免其他商家的导购员上前拉客。顾客在有人随行的情况下，是不好意思改变主意的。只有在我们视线范围之外时，他们才会被竞争对手拉走。

专家小科普

虽然导购员给顾客开了单，顾客也答应去交钱，但是顾客终究是顾客，拥有反悔的权利，尤其是顾客购买你的商品，是在犹豫不决中被你的真诚、赠品所打动的情况下，他的购买行为本身就很纠结，因此在前往收银台的路上，很容易被竞品吸引过去。

海尔优秀导购员　李俊峰

第十章
说"欢迎下次光临"前,导购还能做些什么

优秀的导购员必然要具备长远的眼光,不要把每次交易做成一锤子买卖。他们会努力给顾客留下好印象,制造更多回头客,跟对方维持长期的生意伙伴关系。市场上的产品越丰富多样,顾客就越需要一个专业的产品顾问来帮助自己决策。导购员天然适合成为这样的角色,也应该为广大顾客提供顾问式服务,让大家喜欢跟你交流,信任你推荐的产品。

按照流程处理异议，顾客自然信任你

课前思考

1. 异议处理在导购工作中占有怎样的地位？
2. 正确的异议处理流程具体包括哪些步骤？

一、自我检查

你在导购工作中是否存在以下情况？如果有的话，请在（　）里打"√"。每空1分，总分最高5分，最低0分。得分较高，说明你的职业素养还存在一些不足之处；反之，则说明你具备较为良好的工作习惯。

（　）	1. 只是一味地推荐产品，而不及时处理顾客的异议
（　）	2. 处理异议的方式过于随意，让顾客感到不靠谱
（　）	3. 在处理异议的过程中无法控制住自己的情绪
（　）	4. 不懂得正确的异议处理流程
（　）	5. 不知道顾客的异议背后隐藏着怎样的心态
症结诊断	抱有异议的顾客心情很糟，态度很不客气。而导购员不得不拿出十倍的耐心和善意来安抚顾客的激动情绪。如果顾客是讲道理的还好办，问题是前来投诉的顾客并不都是平易近人的。这对导购员的心理承受能力和情绪调节能力提出了很高的要求。但只要导购员成功处理了异议，顾客从此以后会更加信任你，成为你的重要业绩贡献者

二、处理异议的两个基本原则

投诉是最难对付的一种顾客异议。顾客投诉的直接目的是抱怨产品或服务存在的问题，其根本目标是向我们表达对产品或服务的期望，并让这种期望得到满足。导购员在处理异议的时候，绝不能推卸责任，必须认真对待，尽可能地争取一个双方都能接受的结果。为此，我们在处理顾客异议的时候，要遵循两个基本原则：

1. 站在顾客的角度考虑问题

当顾客怒气冲冲地向导购员提出异议时，心情无疑是很糟糕。导购员成了他们发泄的对象，内心自然也会被这股负能量感染。在遇到顾客投诉时，导购员必须学会控制自己的负面情绪，不要跟顾客对着干。那样必然会火上浇油，无助于解决问题。而解决问题的关键在于，站在顾客的角度考虑问题。

导购员下班之后，同样要去商店买东西，以顾客的身份接受其他商店的导购员的服务。假如你买到的产品有问题，是否也会像眼前这位投诉的顾客一样火冒三丈呢？人同此心，心同此理。导购员只有充分理解顾客的感受，才能用合适的方式来安抚他们的不满。因此，我们在处理异议时，要适时地表达对顾客处境的认同感。具体可以采用以下服务用语：

• 我明白您的意思。

• 我明白您为什么会那样想。

• 那确实令人难过。

• 我对此表示非常抱歉。

当我们表达对顾客的同情和理解时，他们的负面情绪会有所减弱。处理异议首先从安抚顾客的情绪开始。如果情绪理不顺，顾客是不会跟你耐心讲道理的，也听不进你的任何建议。

2. 不要留下负面评价

有时候，顾客的投诉并不占理。产品本身没有问题，而是他们自己操作不当。这样的投诉有些蛮不讲理，但导购员依然应该遵循上述原则来处理异议。我很清楚，你脸上挂着经过严格训练的微笑表情，但可能已经忍不住在心里用各种粗话把顾客问候了一遍又一遍。这是人之常情，却也是导购员需要努力克服的。因为，你心中的负能量很容易冲破你的自制力，让你跟顾客一样失去理智，争吵不休。

也许你能占得上风，看着顾客气得哑口无言却只能灰溜溜离开的样子，感觉心情很爽。但这样一来，我们就少了一位顾客，多了一个敌人。即使道理本来在你这边，但是你作为商店的服务人员跟顾客发生争吵，只会给其他顾客留下负面印象。大众不会就事论事地支持你，只会拿服务行业的苛刻标准来指责你不合格。所以，我们在处理异议时，千万不要把顾客气走，留下负面评价。

三、顾客投诉的常见原因

为了更好地处理异议，我们有必要了解一下顾客投诉的几个常见原因。

1. 对产品品质的异议

产品的质量不佳、功能与说明书不符、售价虚高、销售凭据不充分、缺乏生产日期等问题，都会引发顾客的投诉。所以，导购员在出售产品时，应该及时向顾客提供各种凭据，以免发生不必要的扯皮。当顾客投诉的产品问题确实存在时，我们应该积极承担责任，予以赔偿或其他形式的补偿。此外，如果某款产品收到的投诉意见特别多，导购员应该及时上报，让公司将不合格的产品下架，不再继续出售。这是商家应履行的诚信经营义务。而导购员在日常理货、补货时也要认真检查各类产品的商标、标志、标签、包装，提前排除有问题的商品，而不是等出售之后再来处理顾客投诉。

2. 对购物环境的异议

卖场的购物环境对顾客的购物心情有直接影响。光线是否柔和、货物陈列是否合理、通道是否宽敞、商品是否摆放在顾客容易看到和拿到的地方、有没有休息区、有没有公共卫生间、有没有行李物品寄存处等方面，都会影响卖场的销售量。当顾客对购物环境不满意时，也会跟导购员提出异议。常见的异议有：

- 地板太滑容易让小孩子摔跤。
- 扶手电梯出故障。
- 卖场的光线太暗。
- 卖场区域划分不合理，缺少行动路线提示牌。
- 商品陈列不合理。
- 没有休息区和存包处。
- 夏天空调不够凉快，让顾客感觉卖场里很闷热。

3. 对导购员本人的异议

导购员服务态度不好或者有其他得罪顾客的地方，也会招致投诉。相比前两种异议，对导购员本人的异议更为尖锐。顾客投诉导购员的常见原因包括以下几点：

- 导购员只顾自己聊天，没有搭理顾客。
- 导购员在顾客表示拒绝时黑着脸破口大骂。
- 导购员说话没礼貌，讽刺挖苦顾客。
- 导购员强迫顾客购买。
- 导购员业务不熟，一问三不知，办错了事。
- 导购员找零钱时少给了顾客。
- 导购员收银速度太慢，让顾客等了很久。
- 导购员跟顾客约好的事情没有兑现。

无论顾客具体的投诉原因是什么，都可以归入上述类型。每一类投诉原因的处理难度不同，但都是导购员在工作中要注意避免的问题。

四、处理异议的基本流程

顾客的投诉原因多种多样，但处理异议的基本流程是一致的。实践表明，导购员如果能按照规范的流程来处理异议，就能提高成功率，挽回公司的形象。处理异议的基本流程具体分为以下步骤：

1. 让顾客倾诉，虚心接受批评

处理顾客投诉的第一步，就是倾听顾客的倾诉。让顾客把自己心中的不满全部吐露出来，中途不可以打断他们的陈述，而且要仔细倾听每一个细节。这是对顾客最起码的尊重。没有经验的导购员会在顾客倾诉时插话说"不，您误会我的意思了"，以此为自己辩解。此举很不明智。顾客被打断后，就无法顺畅地继续表达意见，会变得更加生气，听不进任何劝解。

正确的处理方式就是先耐心听着，让顾客把心头之火发泄出来。这样就能让他们的抵触情绪有所缓解，更容易沟通。我们在这一步中应该表现出谦恭的姿态，虚心接受顾客的批评意见，逐步消除对方的不满情绪。

2. 真诚道歉，平息顾客的不满

假如导购员能在顾客投诉之初就及时平息对方的不满，就能掌握处理异议的主动权。为了表示对顾客的尊重，我们在倾听了顾客的所有不满意见后可以诚恳地道歉，用"真是抱歉"之类的话语来平息对方的不满。最不该做的事情就是推卸责任，或者以毫无诚意的道歉来搪塞顾客。

导购员要记住，自己此时代表的不是个人，而是公司形象。自己的一举一动都影响着顾客对公司的评价。我们要向顾客说明情况，但不要找借口或者为自己辩解。顾客此时还对我们抱有抵触情绪，最见不得口是心非，最想看到的就是导购员展现出积极解决问题的诚意。

3. 调查实情，提出解决方案

顾客的投诉意见要倾听，道歉流程不可跳过，但我们也不能不加分辨地

接受顾客的一切意见。导购员要调查顾客的投诉意见是否属实，同时还要了解一下顾客到底有什么期望。在不损坏公司正常利益的情况下，我们应该尽可能地按照顾客的期望来处理问题。这样才能让双方都满意。

在这个环节中，最重要的是摸清顾客的期望值。顾客以不容置疑的语气反复陈述同一件事的时候，那件事就是顾客希望导购员做到的事情。假如顾客反复抨击产品的缺点却又不主动提出退货或者换货，说明他们的真实意图是希望导购员能给自己一些降价补偿。导购员若是听到顾客问"你觉得这样做就可以了吗"时，应该明白这是顾客对现有处理方案不满的意思，应该提出一个新的方案。

4. 执行方案并再次致歉

当我们完全弄清了顾客投诉的真正原因时，就要以最快的速度处理问题，执行顾客能接受的解决方案。如果确实是产品质量有问题，导购员在道歉的同时要给予顾客一定的赔偿。如果是顾客自己操作不当的责任，导购员也不能完全推卸责任，还是应该承担部分责任，用免费维修或者以新换旧等方式来补偿。如果纯粹是顾客自己有误会，导购员也不能发脾气或者得理不饶人，而应该平静、委婉地把事情原委告知顾客，但要注意给顾客留面子。这样一来，顾客在意识到自己的问题后，会愿意配合你的工作。

专家小科普

在你请求购买或假定销售做成后，顾客还会提出异议。顾客在这个时候提出异议，他多数只是想得到确认。当出现这种情况时，你或许也很想给予确定的回答，但注意不要反应过激、自我防备或停止销售。拜见并观察公司里的冠军导购员，你就能够找到一份常见异议的列表。如果表上开列的问题足够完整，那你就可以根据前面学到的方法去做准备，以便能有效地克服它们。

———— 美国销售专家　汤姆·霍普金斯

顾客带来的孩子同样是顾客

> **课前思考**
> 1. 顾客的孩子会对购物过程带来什么影响?
> 2. 导购员怎样说服顾客的孩子顺便买点自己感兴趣的东西?

一、自我检查

你在导购工作中是否存在以下情况?如果有的话,请在( )里打"√"。每空1分,总分最高5分,最低0分。得分较高,说明你的职业素养还存在一些不足之处;反之,则说明你具备较为良好的工作习惯。

( )	1. 没把顾客的孩子当成潜在的顾客
( )	2. 把顾客的孩子当成大麻烦
( )	3. 非常不想接待带孩子的顾客
( )	4. 不懂得怎样安抚顾客的孩子,导致交易无法正常进行
( )	5. 对顾客的孩子发火,于是跟顾客发生激烈的争执
症结诊断	如果顾客带着孩子前来,导购员的工作要比平时费力一些。因为顽皮的小孩子会在家长与导购员交谈时窜来窜去。这会让顾客不得不多次分心,没法跟导购员顺畅地沟通。鉴于这种情况,很多商场都设置了儿童游戏区,解放家长的精力。其实,我们应该把孩子也视为一个独立的顾客,顺带向他们推销产品。只要方法得当,导购员就能一举完成几笔交易,大大提升销售效率

二、孩子永远都是我们的潜在顾客

顾客领着孩子光临本店，可能是为了给孩子买东西，也可能只是顺便带着。遇到前一种情况时，导购员往往欣然服务，热情招呼小朋友。如果是后一种情况，别说导购员担心孩子太淘气，连家长都觉得孩子是个麻烦。

然而，我们有必要换一个角度看问题。无论顾客有没有把自己的孩子当成顾客，导购员都应该将孩子视为潜在顾客。孩子对商店业绩的影响，比你想象得更大。

美国消费行为学家帕科·昂德希尔在多家商店做调查研究后发现了几个有趣的现象：

首先，假如商店不够欢迎小孩子，孩子的家长们会察觉到这点，并且减少去那家商店购物的兴趣。

其次，家长想在交谈中保持注意力不被分散时，迫切希望有人能想办法把黏人的小孩支开。

最后，如果导购员把推荐给孩子的商品放在他们看得见、摸得着的地方，孩子们就会成为商店的热心消费者。

事实上，吸引小孩的注意力是一种让顾客保持兴趣的有效方法。身为家长的顾客通常都是拿了想买的东西就离开。但孩子的注意力没有大人那么集中，很容易被商店通道里的某些有趣的东西吸引。特别是孩子在商店里有游戏玩的时候，都舍不得离开。当孩子在商店里停留更长时间的时候，孩子的父母们很难在这么长的时间里不再买点什么。

也就是说，假如导购员懂得如何讨好孩子，孩子会带动家长消费。所以，我们不仅要招待好家长顾客，也要把孩子当成顾客。主动询问孩子的消费需求，并设法解决家长想让孩子暂时离开一会儿的需求。导购员应尽可能地满足这两类顾客的需求，从而获得更好的人缘，更多的业绩。

为了更好地挖掘儿童顾客的潜力，导购员要根据孩子的特点来改进商店的购物环境，让这些缺乏自制力和自我保护能力的小家伙能跟父母一样安全地购物。

导购员不能按照大人的视线高度来摆放儿童用品，最好是放在孩子伸手就能够着的地方。因为孩子的视线很低，只看得到位置较低的产品。电源插座、有尖棱的货架、电话、花瓶、刀具、带尖角的商品、易碎的产品等可能给孩子造成伤害的东西，都要放在他们看不到、摸不着的地方。

我们在设置儿童活动专区时，应该确保家长随时能看到孩子的一举一动。让孩子买完东西后有个感兴趣的去处，家长就能解放精力去选购自己想要的东西，导购员就能顺利地照顾到大顾客和小顾客了。

专家小科普

冠军导购员会把销售过程中的每个人都考虑进去，并对他认定的决策者的身边的每一个人都给予高度尊敬。这是我多年前得出的感受。我曾错误地断定决策者是某人，而事实上决策者却是我认为是助理的那个人。从那时开始，我总是真诚地尊敬和礼待每一个人，而不管他们是普通员工，还是小孩。

——美国销售专家 汤姆·霍普金斯

设法延长顾客在店内的停留时间

课前思考

1. 顾客在店内停留的时间长短对购物有哪些影响？
2. 导购员怎样不留痕迹地让顾客在店内待得更久？

一、自我检查

你在导购工作中是否存在以下情况？如果有的话，请在（ ）里打"√"。每空1分，总分最高5分，最低0分。得分较高，说明你的职业素养还存在一些不足之处；反之，则说明你具备较为良好的工作习惯。

（ ）	1. 巴不得顾客买完东西赶紧走
（ ）	2. 不喜欢跟顾客有太长时间的交流
（ ）	3. 当顾客长时间停留在门店时，没有主动服务
（ ）	4. 不知道怎样延长顾客的停留时间
（ ）	5. 没有准备好能延长顾客停留时间的道具
症结诊断	由于上下班的缘故，顾客通常会集中在几个时段光临。忙完了这几个高峰期，基本上就只剩下一些散客了。如果导购员不能在短时间内说服顾客购物，就会迎来毫无销量的一天。无心购物的顾客只会像流星一样一闪而过。想买东西的顾客则会在商店里停留更久。假如导购员的服务不够热情和周到，他们会马上丧失购物兴趣，选择迅速离开

二、滞留越久，购物越多

众所周知，女人天生就是购物狂，比男人更热衷于消费。女性顾客为了购物可以在商场逛上一整天，男性顾客极少有人能与之匹敌。细心的朋友大概已经意识到了，女性顾客购物数量更多跟她们在商场的滞留时间更长有直接关系。

美国零售专家曾经对一家全美家居用品连锁店的女性顾客消费状况进行统计，发现女性顾客在不同状态下的购物时间存在明显的差异。

购物状态	平均购物时间长度
独自行动	5分2秒
在成年男性陪伴下购物	4分41秒
带着孩子购物	7分19秒
在女性陪伴下购物	8分15秒

调查结果表明，成年男女结伴而行时的平均购物时间最短，而女性顾客相互结伴的平均购物时间最长。其中一个重要原因是男人和女人逛商场的行动习惯不同。男人更喜欢在看中产品后径直走到收银台，然后径直离开。女人在买同一个产品时，并不会走最短路线，而是到处闲逛，最后再去买计划中的采购目标。她们的行动路线比男人更长，在店内的停留时间自然也更久。

无论男女，顾客在店内停留时间越长，购物的可能性就越大。但女性顾客的行动习惯决定了她们通常待得更久，所以购物量更多。

三、过渡区：让顾客在店内待更久的妙招

顾客本身不喜欢在商店里停留太久，尤其讨厌在收银台前排长队。但是，急匆匆的购物节奏也让顾客感到不舒适。导购员完全可以在店内布置一

下"过渡区",让顾客能自然而然地放慢脚步,缓冲节奏。

这些过渡区包括入口处的过渡区、休息区、试衣间、咖啡厅等。顾客刚进店的时候,还处于观察环境状态,在入口处设置过渡区能让他们第一次放慢脚步,把心思真正带进店里。导购员不应该在过渡区放置重要产品或者安排活动。这样会破坏过渡区的"缓冲"功能,让顾客的购物节奏变得急迫。

导购员在过渡区时应该向顾客打招呼,提醒他们已经进店了。还可以向顾客提供购物筐、地图、优惠券、打折商品等,让顾客能更加从容地四处浏览。此外,导购员应该利用镜子、试衣间、座椅来制造顾客独处的空间,延长他们的停留时间。

如果商店空间够大,设置座椅是一个延长顾客停留时间的好办法。当顾客走累时就能在休息区休息一下。结伴而来的顾客更是喜欢在买东西后边坐着休息边聊天。等他们休息够了,可能会继续逛商店,寻找新的目标。这就为导购员带来了更多的成交机会。

专家小科普

商业场所的设计师应该认真考虑座位的问题。……我们注意到,椅子可以让老年人行走的距离加倍。有些老人走一小会儿就会觉得累,然后就想回去。但这时若在阴凉处设一张椅子供人休息的话,歇一会儿后,老人就会继续往前走。在零售环境中,椅子的主要目的有所不同:人们和自己的爱人、孩子或朋友三三两两地来购物时,椅子会让他们中间不购物的人更舒服自在,再也不必总是跟在购物者后面。

——美国消费行为学家 帕科·昂德希尔

真诚地表达善意，让顾客记住你的"亮点"

课前思考

1. 导购员应该怎样赢得顾客的好感呢？
2. 顾客最欣赏什么样的导购员？

一、自我检查

你在导购工作中是否存在以下情况？如果有的话，请在（ ）里打"√"。每空1分，总分最高5分，最低0分。得分较高，说明你的职业素养还存在一些不足之处；反之，则说明你具备较为良好的工作习惯。

（ ）	1. 赞美方式过于浮夸，让顾客怀疑你没安好心
（ ）	2. 顾客表示不买时，你的态度明显冷淡了下来
（ ）	3. 顾客付完款之后，你的热情度远不如他们付款前
（ ）	4. 自以为是专业人士，对顾客指手画脚的
（ ）	5. 不尊重顾客的想法，导致双方不欢而散
症结诊断	顾客购物不仅看需求，在很多时候是凭当时的心情决定的。如果我们善待顾客，就会让他们比平时出手更加大方。顾客能分辨出导购员是否虚情假意、阿谀逢迎。假如导购员睁着眼睛说瞎话，顾客非但不会高兴，反而会觉得导购员在讽刺自己。我们在接待顾客时，一定要真心实意，用他们最喜欢的方式来服务。这样才能让顾客记住你的人格魅力，下次买东西就会直接找你

二、赢得顾客好感的七个亮点

对于导购员来说，推销产品不如推销人品。顾客欣赏你的人格魅力和品行，就会多多关照你的生意。从这个意义上说，能否赢得顾客的好感，已经成为导购员能否提高成交率的决定性因素。需要注意的是，光靠讨好和巴结无法真正赢得顾客的好感，唯有真诚善良才能做到这点。如果导购员能完成以下七个亮点，就能在顾客群体中树立有口皆碑的好名声。

1. 把自己视为顾客的"外脑"

顾客和导购员在利益上既有对抗性也有一致性。如果顾客想买的产品刚好和导购员主推的产品相同，双方的交易就是双赢。反之，顾客会拒绝导购员死缠烂打的强行推销。导购员不该沦为只是为了获得业绩而不择手段的产品贩子，而应该把自己定位为顾客的"外脑"，帮他们挑选最合适的产品，提供最人性化的服务。通过这种方式，导购员和顾客的利益实现了统一，可谓皆大欢喜。

2. 把你的建议包装成顾客的想法

顾客希望按照自主意志做决定，而不是被人哄着下单。导购员在陈述购买理由的时候，必须站在顾客的角度考虑问题，把自己的建议包装成顾客的想法。通过循循善诱，让顾客不知不觉地按照你引导的方向思考，做出最终决策。顾客往往会维护"自己所做的决定"，即便这个决定实际上完全是你的建议。

3. 多称赞顾客的优点

我们可从顾客的性格、思想、意见、样貌、衣着打扮、事业、亲朋好友、孩子等方面找出其身上的闪光点，然后时不时发出真诚的赞美。顾客不仅喜欢听人称赞，更希望别人称赞自己最得意的优点。导购员在推荐产品、售后服务，甚至在下班后偶遇时，都可以做这件事。像称赞自己敬佩的朋友一样赞美顾客，顾客也会把你当朋友。

4. 讨论顾客感兴趣的话题

再沉默寡言的顾客，一谈及自己感兴趣的话题，也会变得口若悬河、滔滔不绝。导购员平时可以了解一下顾客的兴趣爱好。一方面，我们可以从中挖掘到顾客的潜在消费需求；另一方面，我们跟顾客聊起兴趣爱好相关的话题时，有望打开他们的心扉。顾客若是跟你有共同的兴趣爱好和价值观，就有可能成为你的忠实顾客。

5. 做个善解人意的倾听者

这里的倾听不光是销售过程中倾听顾客表达意见，还包括顾客心里不舒服时的倾诉。他们愿意跟你分享自己的喜怒哀乐，说明你已经被他们当成了朋友。优秀的导购员必然是善解人意的倾听者，怀着一颗热忱之心为顾客分忧。这样的人会得到周围人的认可甚至拥戴。

6. 善待不买就走的顾客

顾客买东西时，我们要善待对方；顾客不买就走时，我们依然要善待对方。这个具有包容性的做法能感动一批通情达理的顾客。因为在他们看来，购物者已经付了钱，受到礼遇是理所应当的；没买东西的人得到同样的礼遇，就超出了普通顾客的预期。能做到这点的导购员，会赢得顾客的高度信任。

7. 善待付完款的顾客

顾客在购物前处于心理优势地位，因为他们是被求的一方，导购员则是求人下单的一方。但顾客付完款之后，就不再处于心理优势地位了，与导购员的立场颠倒了过来。有些导购员对顾客的态度会很快冷淡下来，让他们感到心凉。优秀的导购员反而会用更热情友善的态度来送别顾客。这样的售后服务是最容易让顾客感动的。

> **专家小科普**
>
> 优秀的销售人员对于确定客户看不见的敏感点很有一套。而一旦确定了这个敏感点，他们就会在销售陈述的过程中不断地提到它。他们在销售中主张关注这个敏感点，并在结束交易的谈话中不停提到这个敏感点。他们会询问很多关于这个敏感点的问题，并不断强调他们的产品将如何满足客户这个特别的情感需求。一旦你找到了敏感点，就将精力集中在说服客户如果购买你的产品或服务，客户将毫无疑问、绝对地得到他一直在寻找的好处。
>
> ——美国销售专家 博恩·崔西

尝试一下连带销售，但要适可而止

> **课前思考**
> 1. 导购员在什么情况下应该尝试连带销售？
> 2. 连带销售会不会引起顾客的反感呢？

一、自我检查

你在导购工作中是否存在以下情况？如果有的话，请在（ ）里打"√"。每空1分，总分最高5分，最低0分。得分较高，说明你的职业素养还存在一些不足之处；反之，则说明你具备较为良好的工作习惯。

（ ）	1. 缺乏连带销售意识
（ ）	2. 把连带销售理解为强行捆绑销售
（ ）	3. 极力推荐顾客根本不喜欢的东西
（ ）	4. 以折扣优惠为诱饵，让顾客购买自己并不需要的东西
（ ）	5. 没有挑选合适的搭配销售产品
症结诊断	对同一位顾客进行连带销售，是导购员提高业绩的一种有力手段。但是在施展这种营销手段时，必须明白其中的风险。导购员做连带销售时，应该避免把顾客确实用不上的东西硬塞给他们。正确的思路是挖掘顾客的新需求，并让顾客自己意识到这一点。如果你把顾客当冤大头，他们必定会视你为不可信任的奸商

二、怎样进行连带销售

导购员提高销售业绩的途径主要有两个：一个是增加成交顾客的人数，另一个是提高客单价。增加成交顾客的人数意味着你要说服更多的人进行交易。相对而言，提高客单价稍微容易做到一些。我们可以通过连带销售的方式来进一步挖掘现有成交顾客的消费潜力。当导购员说服顾客买下某产品后，可以顺带推荐一下其他产品。

大多数顾客在买到自己想要的东西后就会收手，不会追加计划外的采购项目。很多导购员觉得连带销售的成功率不高，于是回避使用这种营销手段。这种怕麻烦的心态阻碍了我们的业绩。其实，要做好连带销售不难，选对搭配品与合适的时机就行。

连带销售的搭配品必须选择关联性强的产品。比如，向顾客推销西装时，可给他搭配领带、帽子、围巾等配件。如果你推荐的是毫无关联的产品，自然就会遭到顾客的拒绝。连带销售的最佳时机并不是顾客买完主推产品之后，而是顾客试用主推产品之时。

导购员要注意事前跟顾客表示不买也没关系，以减轻其心理压力，让他们没有顾虑地试用所有的产品。我们让顾客使用配套的产品组合，充分体验使用效果，让顾客不知不觉地意识到这些搭配品的重要性。如此一来，他们就能欣然决定买下导购员推荐的全部产品。

此外，导购员要注意点到为止，不要滥用连带销售手段。顾客原本已经花了超出预算的钱，买了原先不准备买的东西。如果导购员过于得寸进尺，他们会有种不小心上当受骗的感觉。

三、每次交易结束后该做的事

无论你的连带销售是否成功，都应该及时总结经验教训。优秀的导购员在每次交易结束后会进一步跟顾客搞好关系，争取将其转化为长期稳定的客户资源。为此，我们可以根据交易的结果来改进自己的工作质量。

1. 顺利成交时该做的事

当导购员顺利成交时，他们与顾客的关系是融洽的，可以顺势巩固交情。具体可以从以下方面着手：

• 我们可以向顾客道贺，祝贺对方买到自己喜欢的好产品，实现了双赢的局面。然后表示顾客随时可以来这里买到更多的好东西。

• 我们在帮顾客打包产品时，可以找一些大家都关心的话题简单聊聊。这个简短的交谈可以缓解顾客的疲惫感，激发他们的兴致，从而带着更高的满意度离开商店。

• 我们可以请求顾客帮自己介绍其他拥有类似需求的顾客，并多多宣传自己的产品和商店。最好能把顾客加入朋友圈里。

2. 交易失败时该做的事

当导购员成交失败时，他们与顾客的关系就比较尴尬了。尽管如此，导购员还是可以努力给顾客留下一个好印象，让顾客有兴趣下次再来。具体可以从以下方面着手：

• 我们应该对拒绝自己的顾客保持良好的风度，说耽误了他们宝贵的时间，为自己没能帮上忙而表示歉意。这样会让顾客感受到你是一名真诚待人的服务人员。

• 我们可以主动向顾客请教，询问自己在哪方面存在不足，认真听取他们的改进意见。通过不断改进，我们会变得更加优秀，成交率也随之上升。

• 我们在送走顾客后要仔细分析这次销售失败的具体原因。比如，语言不得体、动作不雅、表情不随和、没注意倾听、产品展示不到位、没抓住顾客的核心需求等。弄清楚自己究竟在哪方面存在不足，才能进行有针对性的强化训练。

> **专家小科普**
>
> 冠军导购员都知道，客户以前可能没买过同类产品——即使他们买过，也可能不是这种型号，并且也不可能那么巧就是在你的公司购买的。因此，客户对你的产品大多是缺乏认识的——这会使他们不太确定他们要做什么、说什么以及订购什么，而这些不便不利于他们做出积极的决定。有鉴于此，在整个交易过程中，冠军导购员总是乐于运用，而且也能运用善意诱导来引导客户。
>
> 美国销售专家　汤姆·霍普金斯

努力成为顾客朋友圈里的专业购物顾问

> **课前思考**
> 1. 什么是顾问式销售?
> 2. 导购员怎样利用社交媒体来扩展自己的客户资源?

一、自我检查

你在导购工作中是否存在以下情况?如果有的话,请在( )里打"√"。每空1分,总分最高5分,最低0分。得分较高,说明你的职业素养还存在一些不足之处;反之,则说明你具备较为良好的工作习惯。

( )	1. 没想过跟顾客交朋友,只当对方是提款机
( )	2. 不懂得什么叫顾问式销售
( )	3. 不懂得利用社交媒体来维护客户资源
( )	4. 把社交媒体当成了单纯的广告发布平台,让很多顾客烦不胜烦
( )	5. 不懂得从朋友圈里寻找新的强力合作对象
症结诊断	在这个口碑直接影响效益的年代,任何有远见的商家都会努力培养自己的顾客朋友圈,通过深耕细作来维持长期稳定的合作关系,并借助顾客朋友圈的力量不断开拓新的客户资源。导购员必须转变传统观念,不能只把自己视为卖东西的小贩,而应该发挥熟悉产品和行情的优势,成为顾客的购物顾问。既然顾客希望得到专业建议,为什么提供意见的不能是我们呢

二、顾问式销售：导购员的升级方向

传统的销售模式可以称为交易式销售，销售以产品为中心，导购员只要卖出产品就跟顾客两清了，双方不会产生特别密切的社交关系。随着社交媒体日益发达，越来越多的商家倾向于利用朋友圈来维护客户资源。销售思路逐渐转变为以顾客为中心。顾问式销售模式也因此兴起。

在顾问式销售模式中，导购员跟顾客已经由弱社交关系转化为强社交关系。换言之，顾客已经把导购员当成了自己朋友圈里的专业购物顾问。而站在导购员的角度来看，顾客的消费习惯在很大程度上受导购员的建议影响，足以形成长期的稳定的交易关系。

如此一来，顾客购物能减少很多麻烦，得到细致的贴心服务；导购员也能凭借专业购物顾问的口碑来扩大影响力，跟更多顾客形成战略合作伙伴关系。双方的需求精准对接，让销售最大限度地减少了盲目性，强化了相互信任。这就是顾问式销售最重要的优点，也是导购员未来的努力方向。

不过，顾问式销售虽然是有力的销售模式，但对导购员的综合能力素质提出了更高的要求。导购员要在各方面转变交易式销售的观念，自觉地与顾客交朋友，将顾客融入卖场的朋友圈，自己也融入顾客的朋友圈。除了在卖场内努力工作外，在卖场之外也要花费更多心思。那些懒得动脑、不愿多花心思的人，是无法做好顾问式销售的。

三、做好顾问式销售的要点

顾问式销售以顾客为中心，跟你卖什么产品关系不大，最重要的是你的能力。除了产品展示和异议处理之外，导购员必须向顾客提供有参考价值的意见，以求增加产品的附加值。为了掌握顾问式销售的精髓，我们应该从以下方面着手：

1. 成为顾客不可替代的行业咨询顾问

在今天，导购员要比过去更加了解行业知识。唯有这样才能帮助顾客改变购买产品前的现状。我们要经常调查行业的最新资讯，站在行业的风口。顾客希望得到新鲜的行业知识，但他们很难从其他途径得到。他们希望知道的东西有：

- 你推荐的产品与同类产品相比有何优势？
- 我买到的是不是最好的产品？
- 我在挑选产品时有没有忽略哪些问题？
- 当我不懂产品与行业知识时，谁能帮我搞明白？
- 同类产品那么多，我为什么必须选择这一家？

采取顾问式销售方针的导购员，要全心全意地帮顾客解答这些疑惑。优秀的导购员之所以出色，就是因为在这方面具有不可替代的过人能力。

2. 不断补充新知识，锤炼洞察力

导购员不仅要勤于学习与产品相关的所有知识，更重要的是学习所有竞品的知识，以及行业发展的趋势。当顾客不知怎么选择的时候，我们可以提供他们所需的建议，帮助他们做出明智的决定。随着知识储备与洞察力的增强，导购员的市场嗅觉会变得越来越敏锐，比竞争对手更早地做好销售热卖产品的准备。

3. 为顾客提供网上查不到的知识

如今的网购越来越发达，顾客也可以在互联网上查到很多有趣和有用的知识。这给实体店的导购员带来了不小的冲击。但是，互联网上的情报也是其他人分析的知识经验。顾客查询的信息条数再多，毕竟只是针对大多数人的建议。而导购员跟顾客进行一对一的交流时，可以为顾客设计出更符合个人需求的方案。这种网上查不到的知识，对于顾客来说是很有分量的干货。如果导购员愿意分享干货，他们自然是求之不得。

4. 教会顾客怎样买到好产品

这是顾客最想了解的知识。导购员要学会换位思考，如果自己是前来购物的顾客，希望了解哪方面的信息，会担心哪些问题，要做哪些准备。顾客希望了解导购员的工作流程，希望导购员引领他们一步一步做出正确的购买决定。无论顾客最终是否决定从你这里购买，你都应该帮助他们想办法买到好产品。这是顾问式销售的精髓，能让顾客充分看到你展示出来的能力、技巧和真诚。这些都会让顾客彻底信任导购员，放心地从你这里而非竞争对手那里购买产品。

专家小科普

在交易型销售中，由于销售人员只是传递产品价值而不是增加价值，所以你不能在客户身上花太多的时间。在顾问型销售中，情况恰好相反，你一定要在客户身上多花时间。为了创造价值，首先，你必须了解客户的所有投入，而这是很占用时间的，比销售人员或销售经理准备花的时间多得多。

美国销售专家　尼尔·雷克汉姆

后记 POSTSCRIPT

由于做导购员的门槛较低，对学历没什么特别的要求，很多人总是觉得自己是低人一等的打工仔。这是自我认知的一种偏见。

导购员的基本工资一般都不高，主要靠销售提成来增加收入。销售是个弹性极大、竞争性很强的工作，收入和能力往往成正比。导购员卖什么产品，取决于终端商进什么货。作为营销渠道终端的销售人员，导购员跟产品最终使用者——顾客打交道最频繁。他们不仅需要掌握更多的产品知识，还应该教顾客怎样用产品装点自己的生活。

我们若是认真回顾自己每天的运动轨迹，就不难发现，每个人在上班前和下班后会穿行在不同的消费场所，从许多导购员的身边擦肩而过。无论你是否买东西，导购员无处不在，他们推销的产品装点着我们的生活。

如果遇到了优秀的导购员，你会觉得钱花得值，充分满足了消费欲望，心情特舒畅。如果遇到的是态度恶劣的导购员，你的负能量指数会猛增。

所以说，每位导购员都不该轻视自己的工作。你的表现好坏不仅关系到销售业绩和奖金提成，还会影响每个顾客在当天的幸福指数。即便不是所有的顾客都能当场做出购买决定，他们也会记住这里有一位服务态度好、说话水平高、令人赞赏的导购员，并告诉自己的亲朋好友。当正面的口碑一传十，十传百，你的导购工作会越来越顺利。